最初の実習で点検を行ったEF58形電気機関車。写真は、筆者が高校1年の時、東京駅7番線に到着した特急「さくら」を撮ったもの。線路に入っても何も言われない、大らかな時代だった

機関助士初乗務で乗った貨物用EF10形35号機。もっぱら隅田川駅の手小荷物専用列車の入換作業に使われていた。
1974年6月19日　東京機関区

EF66形の試作機、EF90形1号機のマスコンに驚かされた

東京駅で5列車「はやぶさ」の前で同期生の記念写真。ブルートレインブーム前で鉄道ファンの姿もなく、機関車も薄汚い。まだ菜っ葉服の時代だった。静岡まで2時間32分の乗務だ
1967年8月14日

野口正行君の思いが実現した写真。当時8本の特急列車があって、東京駅発車順に並べたが……、最後は「瀬戸」のはずで「あさかぜ」と間違えてしまった　1975年5月31日

EF65 539

東京機関区ではEF58形をはじめとした、特急列車や貨物などの乗務や機関車の検査、修繕を受け持っていた。この写真は昔の運行時刻で1往復イベントとして復活運転した特急「つばめ」のもの。上り「つばめ」が東京機関区脇を通過 1981年7月26日

札札電
1814
1916着

1966年9月、東京機関区に回送されてきたEF90形1号機を撮影した貴重な1枚

あこがれのロクロクの前で記念撮影。みんなの幸福そうな顔
1972年3月13日　東京機関区

国鉄東京機関区
電気機関車運転台の記録
機関助士編

滝口忠雄

天夢人
Temjin

contents

本書は雑誌『旅と鉄道』2017年9月号～2022年11月号で連載した「鉄道マンたちの青春劇場 電気機関車運転士編」を加筆、再編集したものです。

はじめに

あこがれの東京機関区に配属されて

滝口忠雄

1964(昭和39)年、私が国鉄に就職した時、国鉄はまだ人の輸送や物流を一手に引き受けていた日本の重要な輸送基幹産業であった。それが道路の整備、高速道路の拡充、自家用車の普及とともに次第に基幹産業の地位を追われていく。そして国鉄分割民営化。それは〝労働組合つぶし〟という本質はあるとしても、国は国鉄を斬って捨てたのである。私はこんな状況の中に自分の鉄道人生を置いたのだ。就職してほぼ一年間は別として、退職までの43年間を電気機関車乗務員として過ごさせてもらった。

その機関車乗務員としての第一歩、電気機関助士見習《みならい》として配属されたのが、鉄道開業時の新橋機関庫の歴史を持つ東京機関区であった。本社採用学士が若年で機関区長として赴任する地方の機関区と違い、東京機関区には下からコツコツと鉄道人生を積み上げた退職間近の老練な職員が機関区長を務めた。

東京機関区は1914年(大正3年)、東京駅開業と同時に旧・新橋駅構内にあった新橋機関庫から旅客部門が分離独立して東京駅構内に設置された機関庫であった。当時日本の機関庫がどこでもそうであったように蒸気機関車のための機関庫であった。それが石炭の節約をはかるとして幹線電化の方針が打ち出され、初めて本格的に電気機関車が導入された機関庫でもあった。電気機関車のパイオニア的存在であった。

戦時中の1942年(昭和17年)、東京機関区は品川に移ったが、日本の最重要幹線である東海道本線の始発を担当する機関区として、華やかな特急列車を受け持つ機関区として、国鉄に就職して乗務員をめざす若者にとってあこがれの機関区であった。幸せにも私はここに配属されたのである。

これは国鉄に就職して、東京機関区で電気機関士になるまでの運転台の記録である。

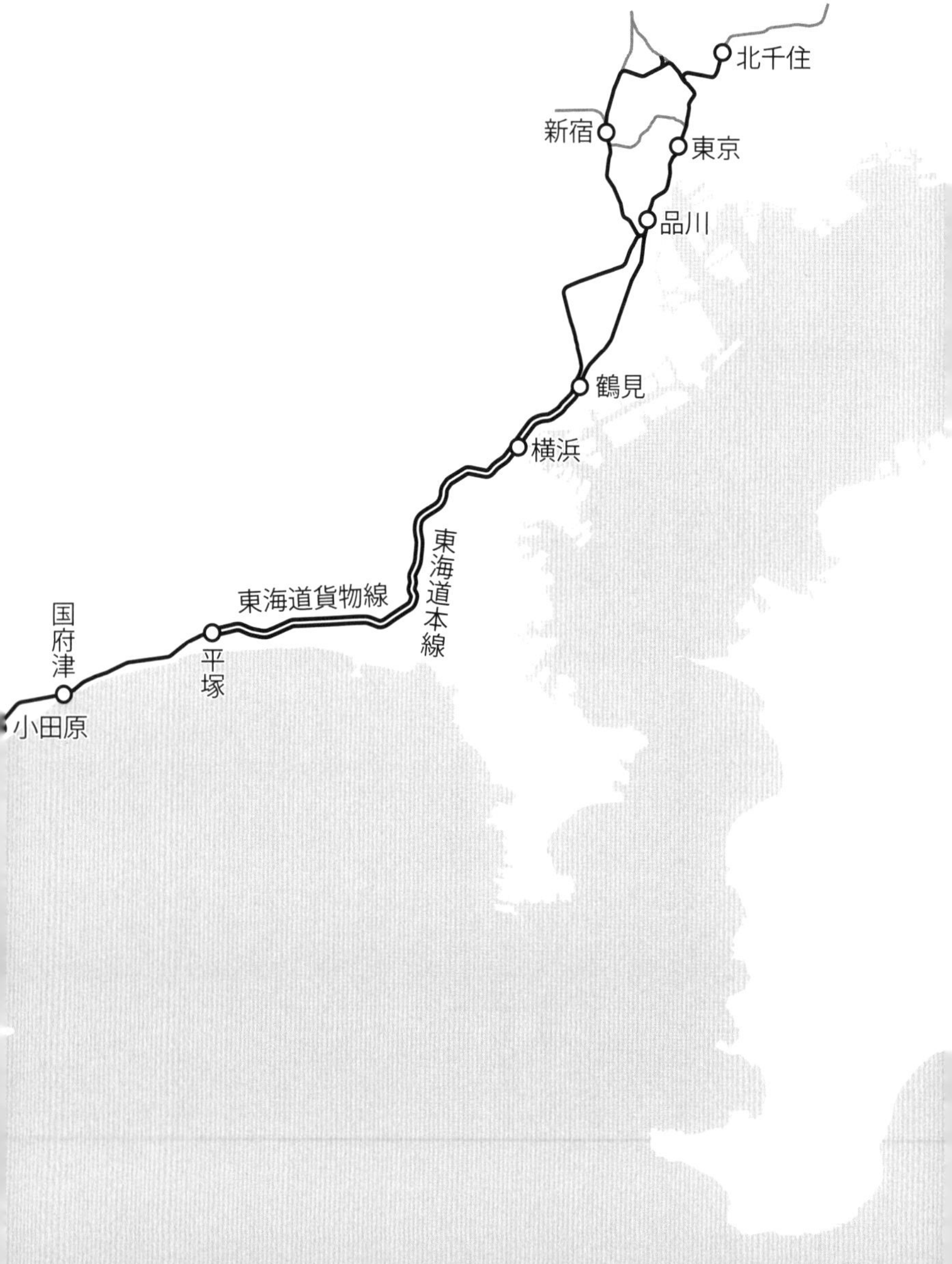

北千住
新宿
東京
品川
鶴見
横浜
東海道本線
東海道貨物線
国府津
平塚
小田原

東京機関区担当運転線区①

東京〜静岡間

太線が1965年、機関助士になった当時の東京機関区担当運転線区。現在小田原までの東海道貨物線は平塚までだった。また鶴見〜大船間の横須賀線は開通前で、横須賀線は東海道線の線路を大船まで使っていた。

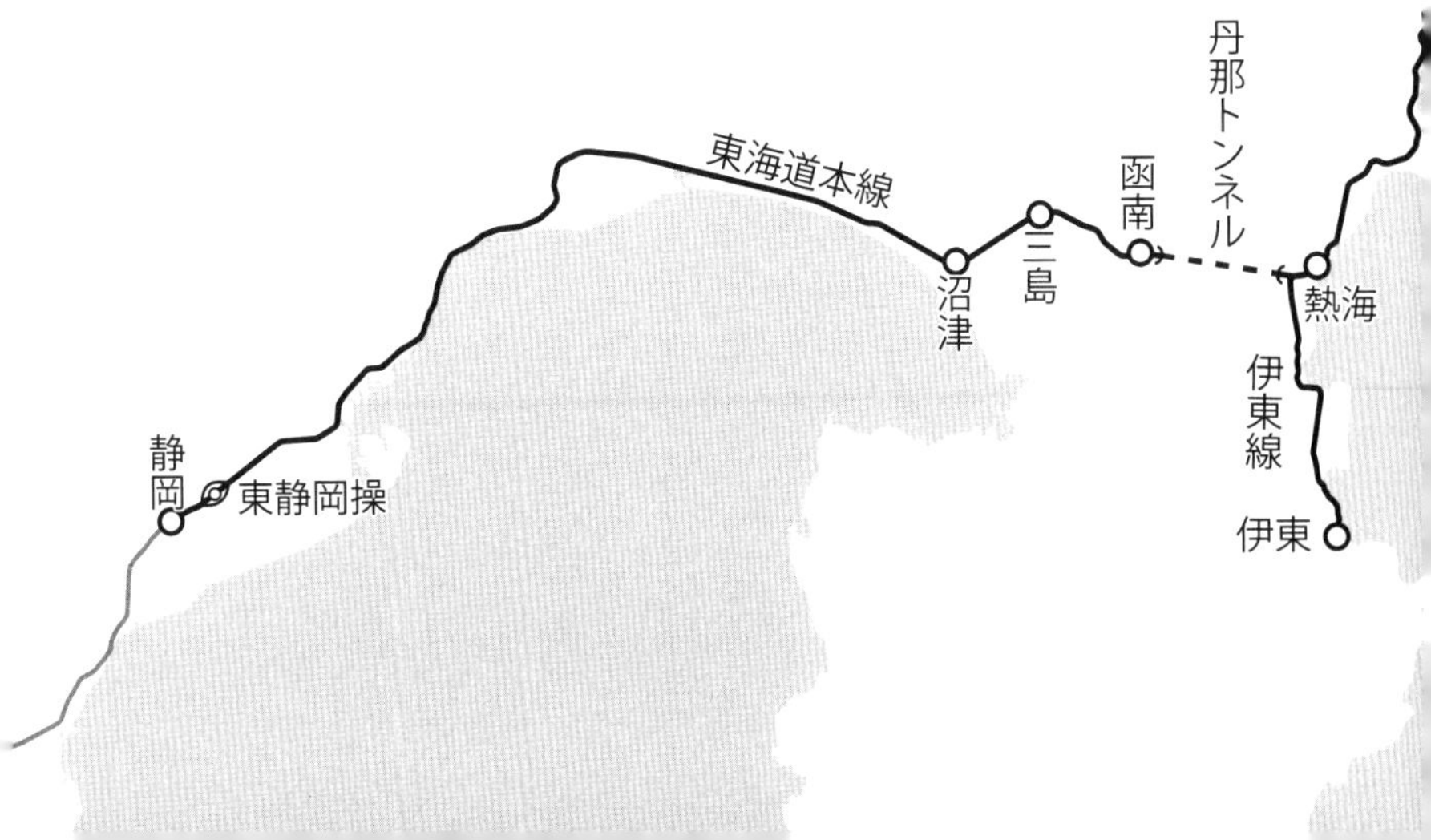

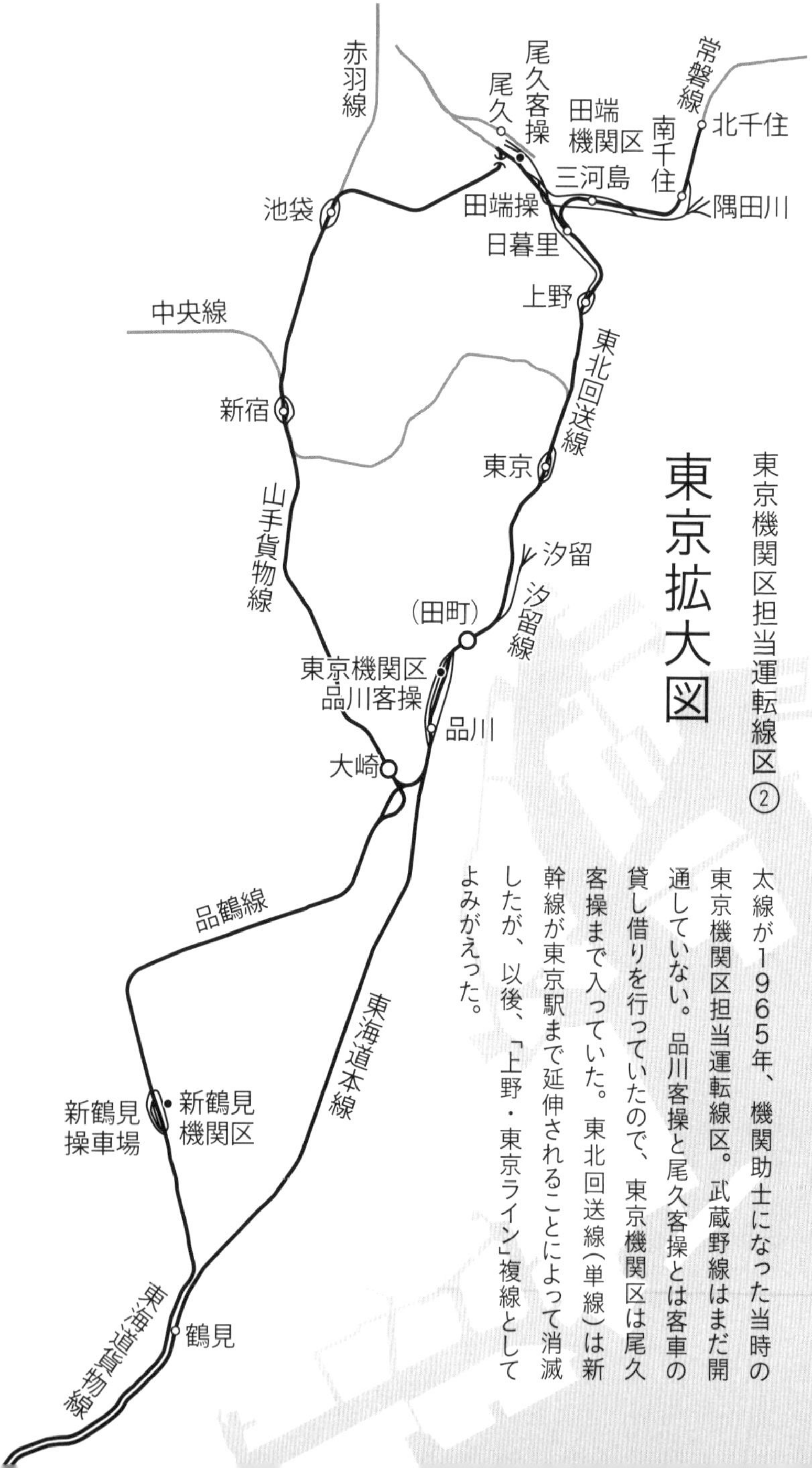

東京拡大図

東京機関区担当運転線区②

太線が１９６５年、機関助士になった当時の東京機関区担当運転線区。武蔵野線はまだ開通していない。品川客操と尾久客操とは客車の貸し借りを行っていたので、東京機関区は尾久客操まで入っていた。東北回送線（単線）は新幹線が東京駅まで延伸されることによって消滅したが、以後、「上野・東京ライン」複線としてよみがえった。

Chapter 1

電気機関助士をめざして

旅客輸送から消えた、電気機関車の話

ブルトレから貨物まで電気機関車の運転一筋

私は国鉄、ＪＲ貨物を通じて43年間、電気機関車の乗務員であった。国鉄時代は東京都港区にあった東京機関区で、おもに東海道本線、東京～静岡間の、いわゆるブルートレインを運転していた。１９８７(昭和62)年の国鉄分割民営化後は、東京都品川区にあるＪＲ貨物の大井機関区で、東海道本線東京貨物ターミナル～静岡貨物駅間の貨物列車を運転していた。在来線には在来線でまた、味のあるところがあるので、そこをつづっていきたい。

女性警察官に電気機関車？　見たことない……と言われる

何年か前、落とし物をしたので交番に届け出た。対応した若い女性警察官に「電気機関車の写真のついたキーホルダーとガマグチと……」と告げると「蒸気機関車は見たことあるけど、電気機関車？　見たことない……」と言うのである。

観光列車として復活した蒸気機関車がよくメディアをにぎわすが、電気機関車が登場することはめったになくなった。「そう、見たことない、もうそういう時代になっちゃったのか。ここなら新鶴見機関区が近いから、新川崎駅に行けば見られますよ」と私は嘆息した。昨今、電化区間の定期の旅客列車はすべて電車となってしまい、ＪＲでは電気機関車が活躍しているのは、ＪＲ貨物の貨物列車だけに限られてしまった。

余計なことかもしれないが、つい先日、全国紙が大井川鐵道井川《いかわ》線のアプト式区間を走る列車の写真を「アプト式電車」と説明していたのである。正確には「アプト式列車」であろう。アプト式の電気機関車が客車を引っ張っているのである。「アプト式電車」なるものはない。はたまた、名のある写真家が、非電化区間を走るディーゼルカーを「電車」と説明していたりすると、かつての鉄道人としては厳重に抗議したくなるのである。レールの上を走るのは、なにも〝電車〟ばかりではないのである。

石炭の節約のため電化され電気機関車が誕生した

改めて、私が運転していた電気機関車なるものの説明をしておこう。

1872(明治5)年、明治の鉄道創業以来、列車と言えば自走できない客車や貨車を機関車が引っ張っていく動力集中方式が主流であった。列車の一番前に大きな力をもつ機関車を連結するのである。蒸気機関車なら大きいボイラーをもっているし、電気機関車なら大きなモーターを、ディーゼル機関車なら大きいエンジンをもっている。この機関車たちが自走できない客車や貨車を引っ張っていったのである。〝動力集中方式=機関車方式〟は機関車の重量が重くなる。機関車の重さは60トンから100トン余である。従って線路も鉄橋もその重さに耐えるように設計しなければならない。さらに、戦後しばらくまで国鉄では蒸気機関車が主役であった。しかし、1919(大正8)年、原敬《はらたかし》内閣は「国有鉄道運輸ニ関シ石炭節約ヲ図ルノ件」を閣議決定し、日本全国で出炭する約1割を消費する国鉄石炭を節約するため、水力発電を利用した鉄道の電化の導入を決定する。そして1922(大正11)年9月、東海道本線東京〜小田原間83・9㎞、横須賀線大船〜横須賀間15・9㎞の電化工事に着手。

電気機関車は英、米、独、スイスから輸入し、日本では日立製作所が参加。1924(大正13)年12月13日、両線の電化が完成し、電気機関車による運転を開始した。「電車」が走りはじめたのはもっと早く、1894(明治27)年であるが、都市の近距離区間に限られ、路面電車のごときもので、とても長距離を走る技術には達していなかった。

戦後の東海道本線にモハ80系湘南電車が誕生

ところがである。戦後の1950（昭和25）年1月「80系湘南電車」が落成する。グリーンとオレンジのツートンカラーに塗り分けられた湘南地方をイメージする、はじめての明るい塗色の電車であった。3月になると80系を使って東京〜沼津間の電車運転がはじまった。

ここから歴史が変わっていくのである。それまで国鉄の技術陣は電車といえば近距離にしか自信がもてなかった。80系の出現は、電車でも長距離運転が可能という保証を与えたのである。電車は動力分散方式といって、各車体の下に小さなモーターを分散して置き、動いている。従って乗客が乗っても1両せいぜい50トン。機関車に較べてはるかに軽い。やがて動力分散方式で時速300km余で走行可能な新幹線電車が誕生するのである。

さらに電車の利点をあげれば、終着駅に到着して折り返す時、運転士が歩いて、反対側の運転台まで行けばいい。それが機関車だと、終着に到着すると機関車を反対側に付け替えねばならない。そのため機関車を回すための線路が必要となり、その入換作業をするための人員も必要となる。機関車は手間がかかるのである。

極論すればこの効率化の時代に、機関車は設備費、人件費を浮かせるために消えていったといえる。今、ＪＲでは蒸気機関車は観光用、電気機関車とディーゼル機関車は定期の旅客列車はなく貨物列車を中心に残っているだけだ。

これでとりあえずは「電気機関車」というものがお分かりになっていただけたと思う。さて、ここからは私が国鉄に就職したころの話からお伝えしていきたい。

雑務ばかりの、臨時雇用員

国鉄なんて最低の仕事だぞ　志望する同級生はいなかった

「よせよせ、国鉄なんて最低の仕事だぞ」

高校3年になると進路を決めねばならない。同級生に「国鉄に入りたい」と告げると、こんな言葉が返ってきた。今の「JR」からは想像もできない言葉だ。国鉄は給料は安いし、今で言う「3K」、きつい、汚い、危険の職場であった。

1961（昭和36）年に就任した池田勇人《はやと》首相は所得倍増政策を打ち出し、私が工業高校を卒業して、国鉄に就職した1964（昭和39）年は、日本は高度成長の真っただ中にあった。製造業がもてて工業高校出がひっぱりだこであった。また、この年の10月には東海道新幹線の開業を控え、さらに東京五輪が待ち構えていた。国鉄も多くの人員を必要としていたが、私の周りでは輸送業の国鉄は口にもあがらなかった。

私が国鉄に入りたかったのは、東海道本線の東京～大阪間を6時間30分で結ぶ、スマートな151系こだま型特急電車の電車運転士になりたかったからだ。今で言えば新幹線に憧れるようなものだった。父は私を大学に上げたかったようだが、そんなに国鉄に入りたいならと、旧知の元駅長に連絡をつけ、受験のルートをつけてくれた。

日給460円で働き始めた仕事は〝整備掛《がかり》〟だった

1964年4月1日、日給460円の臨時雇用員として採用された。赤羽職員養成所八王子支所の初等課程運転科で2週間の講習を受けた。講習終了後、配属されたのは田町電車区（現・東京総合車両センター田町センター）安全班、職名は〝整備掛〟。

「おお！　憧れていた151系電車がいるっ！」

幸運と思ったものの、すぐに触れられるわけでもなかった。安全班の仕事は詰所やトイレの掃除、電柱に注意を促す黄と黒の縞模様のペンキ塗り、土木作業、その他雑務がほとんどだ。たまに、お召電車が運転されると、御乗車クロ157形とその前後2両ずつにつく157系電車の下回り磨きがまわってくるが、車内の清掃は管理職が行い、我々にはさせてもらえなかった。その管理職たちは、車内の清掃を終えると、きれいになった車内にさらに消毒をしていた。なかなか列車に触れられない私は、時々休み時間に、こっそりと151系の運転台に登って幸せを噛みしめたものだった。

安全班の班長は退職間近の検査掛。私が153系急行型電車の制御回路に関心をもつと、図面を広げて、ハンドルを動かすと電気がこう流れてモーターを動かすのだと教えてくれたが、その仕組みはとても難しかった。なんとか覚えたものの、半年後の10月1日、東海道新幹線が開業したことにより、東海道本線の電車特急、急行はほとんど廃止となり、憧れの151系特急電車も西に去って行った。

1965年6月、国府津機関区にて助士科実習のメンバーとEF10形

車両清掃の最後の仕事トイレ掃除の担当になった

田町電車区に3カ月ほどいて、品川客車区に配置替えとなった。新幹線が開業したとはいえ大阪以遠へ走る寝台特急ブルートレイン、さらに夜行寝台急行はまだ興隆のさなかだった。ここでの仕事は客車の清掃だ。東京駅から回送されてきた客車が品川客車操車場に到着すると、すべて洗浄線に入線する。1m幅の細いホームに20mおきに大きな水タンクがある。ここで清掃に取りかかるのである。このころ、東京はひどい水不足に見舞われていて、車体は洗わず、窓だけを洗った。まずハケで洗剤をぬり、水のついたハケで洗剤を落とし、最後にバケツで水をかけて洗い流す。私は水かけのコツが判らず、窓1枚にバケツ1杯を使っていたら、

「そんなに景気よく水を使うな!」

と親方に怒鳴られた。先輩たちはバケツ1杯で窓3枚ほど洗っていたのだ。

それから車内の清掃もやった。普通座席車は一晩かけて走ってくるから、弁当

ガラや床下に敷いた新聞紙などで、かなりのゴミが出て車内はゴミ臭かった。

　そして最後に便所と洗面所専門の清掃にまわされた。便と洗を組み合わせて〝ベンセン〟と通称された。午前、午後で合わせて20両ぐらいを洗ったであろうか。ゴム手袋にバケツにハケ、洗剤、小さなほうきを持って歩くのがベンセンスタイルであった。まだ糞尿は線路に垂れ流しの時代、詰まっている便所を上から鉄の棒で突くと下駄が下に落ちたり、財布が落ちたりしていくこともあり、なぜかオリンピック記念100円硬貨が大量に入っていた。どうしても詰まりが抜けない時は親方を呼んだ。親方は糞尿のあふれる便器にゴム手を突っ込み、詰まりものを引っ張り上げてくれた。私はこれだけはできなかった。感謝！　感謝！である。便器は黄ばむので時々、塩酸を使って〝塩酸焼き〟をやった。ハケに塩酸をたらして黄ばんだ箇所をゴシゴシこする。この時発生する塩素ガスを吸い込まないように、ガッチリとタオルで鼻、口をふさいだ。

　ある秋の一日、車外にでると雲ひとつない青空に自衛隊の戦闘機が五輪の輪を描いていた。五輪の開会式だった。50年以上経つ今でも思い出す。

隅田川客貨車区へまた新しい雑務が始まる

仕事に慣れたかと思ったら、次は自宅のある北千住に近い隅田川客貨車区(現・隅田川駅)への異動となった。ここは客車、貨車の検査修繕をするところ。しかし、仕事は詰所の掃除、風呂掃除、食堂がないから職員の昼食買い。詰所の黒板に豆腐一丁、タバコひと箱などと書かれていて、下にお金が置いてある。自転車の荷台に大きな段ボールを積んで、街に買い物に出ていくのである。午後は風呂を沸かした。時々風呂沸かしに使う石炭が無蓋《むがい》貨車トラでやってくる。その石炭下ろしは重労働だった。だから終わるとすぐ帰してくれた。就職してそろそろ1年であった。職業に貴賤《きせん》はないが、こんなことをしていると自分が駄目になると思うようになって、私は夜学に通おうと予備校通いを始めた。

臨時雇用員はあちらに飛ばされ、こちらに飛ばされてである。早く整備掛から脱出したかった。蒸気機関車の機関助士は整備掛6カ月で受験資格がついた。電気機関助士は8カ月、電車運転助士は1年。子供の頃、ぜんそくで苦しんだこともあり、蒸気機関車は投炭があるため体がもつまいとあきらめた。隅田川客貨車区はなぜか、乗務員募集の掲示が出ない。私は管理局の養成科に鉄道電話をかけ、募集がないか確かめた。すると電気機関助士の試験が近々あることを知った。早速事務室に受験したいと伝えに行った。管理者はいい顔をしなかった。せっかくつかんだ若者を手放したくなかったのだろう。

試験は合格し、1965(昭和40)年4月19日、大船職員養成所第14回電気機関助士科に入学し3カ月の机上学習と現車実習を受けることになった。「これから仕込んでやろうと思ったのに」と管理者に言われ、元乗務員からは「仕事はきついぞ」と言われて、客貨車区を後にした。終生の電気機関車との付き合いが始まったのである。身分は試用員となり、2カ月後は晴れて国鉄職員となれるのである。

発煙筒を片手に、走れ走れ！

養成所の土地は軍事工場の跡地だった

1965（昭和40）年4月19日は大船職員養成所第14回電気機関助士科の入所式であった。養成所は大船駅から歩いて20分ほどの大船電車区の裏手の小さな山のふもとにあり「校舎」は木造の2階建、前はだだっ広い土ぼこりのたつ広場だった。戦争中は横須賀海軍工廠深沢分工場とかがあったところで、機雷や魚雷などの兵器を生産していたらしいが、敗戦後GHQの許可を得て鉄道工場に転換した土地だった。養成所はその工場の一角に建てられており、同じ敷地に国鉄職員宿舎もあった。ただ養成所には実習器具は何もなく、机上学習のみの場所であった。

机上で学んだこと　ＥＦ58の意味わかりますか？

同期生は36人。東京鉄道管理局管内の各運転職場から集まっていた。中央線の国立《くにたち》には本社直属の中央鉄道学園という3食付き全寮制の養成機関があったが、大船職員養成所は管理局の養成所で通勤が必要だった。遠くからきた人たちはおそらく近くの独身寮に入って通ったのだろう。授業は1コマ50分。9時からはじまって16時20分まで。昼休みは40分。土曜は半日授業。昼食が終わると、短い時間だが「校舎」の前の広場でソフトボールに興じた。

さて、何を勉強したかである。当時の標準電気機関車は旅客用がＥＦ58形、貨物用がＥＦ15形。機関車はこの2形式で勉強した。構造はほぼ同じ。ここで念のためＥＦ58形の説明を簡単にしておこう。機関車にも1台1台記号で名前がつけられている。最初のＥは電気機関車の意味。次のＦは動輪の数。Ａだと一つ。Ｂだと二つと順次いって、Ｆは6つということになる。次の数字は10から49までが速度が時速85㎞以下しか出ない機関車。これは主に貨物用。50から89までの数字は速度が時速85㎞以上出せる機関車。これは旅客用。だからEF58形は電気機関車で動輪が6つあり、速度は時速85㎞以上出て、EF50形から始まっているから58は9番目の形式の旅客用機関車ということになる。そして形式の後の番号、EF58 1だとEF58形の1番目の機関車ということになる。EF58形61号機となると、天皇が乗車になるお召列車を専門に引っ張る機関車と指定されている。もっともふだんは普通に使われているが、お召列車を引くとなるとピカピカに磨かれる。以上述べたことは、国鉄時代のことである。

次に「運転取扱基準規程」という運転規程。さらに車両用電気学、客車、貨車の構造、線路の構造などを学習した。

事故を想定し対向列車を止める列車防護訓練が行われた

実習設備の何もない養成所だったが、ただ1回ここでの実習があった。広場を利用して列車防護の実習として、事故を想定し対向列車を止める訓練をさせられ

磨き上げられたお召列車に充当されるEF58形61号機
と、通常のままの1号機

た。直線コース600mを線路と仮定して、自分のいるところを列車の事故現場に見たてるのだ。信号炎管(発煙筒)に点火して、対向列車へ危険を知らせるためにこの600mを走るのである。

まず現場に1本点火した信号炎管を枕木に突き刺す。次に対向列車の2本のレールに軌道回路短絡器というコードをはめて、線路に流れる電気の流れを変えることで、対向列車の直近の信号機を赤、「停止信号」に変える。このあと、もう1本発煙筒に点火して対向列車に向かって走るのである。600m走った地点で発煙筒を枕木に突き刺し、対向列車のレールの上に信号雷管(車輪が通過すると爆発音で危険を知らせる装置)を取り付ける。さらにその先20mの箇所にもう一つ雷管を取り付ける。この雷管を列車が踏みつけると、ドカーンという凄い音がでる。騒音激しい蒸気機関車でも、機関士はこの大きな音を聞き逃すことはない。この音を聞いたら機関士は直ちに非常ブレーキをかける。走行中対向列車がきたら、発煙筒を前に掲げて円形に回す。これを認めた機関士は直ちに非常ブレーキ。この頃の列車の最高速度は時速95㎞。列車がこの速度で非常ブレーキをかければ600m以内で停止できる構造になっていた。

とにかく何が何でも対向列車を止める。この3年前に起こっていた1962(昭和37)年5月3日の死者160人を出した三河島事故の教訓であった。この時、第一事故が発生して第二事故が発生するまで、6分近くの時間があった。第一事故の乗務員、三河島駅員の誰もが列車防護を行わなかったと罪を問われたのである。

火のついた発煙筒は熱い蝋《ろう》がしたたり落ちる。前にかざして走ると蝋が垂れて軍手を焼き焦がしやけどする。発煙筒を持った腕は後ろに伸ばして走らなければ危ない。私はその時のやけどの傷が長い間消えなかった。

防護訓練で線路に突きたてられた信号炎管(発煙筒)

指のしびれは、100ボルト!?

国内最大級の蒸気機関車D52形に感動

電気機関助士科の机上の勉強が終わると、1班13名、3班に分かれて東京機関区、新鶴見機関区、国府津《こうづ》機関区の3カ所へ実習に出かけて行った。今度は実物の機関車が相手である。

本物の機関車に触れるワクワク感と緊張感を持って、実習に出かけて行った。当時、1965(昭和40)年頃には、まだ一部の機関区に蒸気機関車が残っていた。特に国府津機関区には日本最大の貨物用蒸気機関車、D52形がいた。私は電気機関助士科の実習に父親の古い二眼レフカメラを持って行き、休憩時間にD52形の写真を撮った。教師である指導機関士には、皆で「乗せろ、乗せろ」とせがんで運転室に乗せてもらった。「おめっちらはしょうがねえなぁ」という御殿場《ごてんば》の方

国府津機関区での実習のときに、筆者が撮影したD52形蒸気機関車。父親の古い二眼レフカメラで撮影したもの

言で言いつつ、指導機関士は嬉しそうに乗せてくれたことを今でも覚えている。

ＥＦ58形の点検訓練はまるで宝さがしのようだった

東京機関区での実習で、今でも鮮やかに思い出すのははじめてＥＦ58形の運転室に乗ったときのこと。わかりやすく大きな声で説明してくれた指導機関士は、吉野建男さんだった。

この吉野さんは戦争中、鉄道連隊でタイ・ビルマ（現ミャンマー）間の泰緬《たいめん》鉄道建設に従事したことをつい数年前のＯＢ会の席上で語っていた。建設にあたって連合国軍の捕虜やアジア人労働者を虐待したと、戦後に罪を問われている。ＯＢ会で吉野さんは反戦の思いを込めて自分史を執筆していると言っていたが、それを上梓することなく逝かれてしまったのが残念でならない。

さて、ＥＦ58形の訓練はまず出区点検の練習からはじまる。機関車に搭載されてあるべきものがきちんとあるか、スイッチ、コックなど所定の位置にあるかを確認してパンタグラフを上げる。機関車が生きた（起動した）ところで、灯類の点灯を確かめたうえで、運転室を離れて地上に下りて、下回りの点検に向かう。10カ所程度仮設のミスがつくられている。例えば発煙筒が1本足りなかったり、工具箱の工具が不足していたり、レール面上に石が置いてあったり、もちろん機器の不具合もある。発見したら大声で指差喚呼《しさかんこ》して後ろからついてくる指導機関士に報告する。例えばレール面上に石があったら「右第3動輪レール面上異物発見！」という具合にである。私たちはこれを「宝さがし」と呼んでいた。

制御回路で起こりうる断線を確認する訓練

次は応急処置訓練。電気機関車は架線から直流１５００ボルトという高圧の電源をもらっているが、これを直接モーターに入り切りすると大きな火花が出て危険である。だから低圧の電源を用いての間接制御となっている。

パンタグラフを上げると、まず電動発電機（ＭＧ）が回り出す。機関車の心臓といってもいいだろう。１５００ボルトで回転するモーターの同じ回転軸の反対側に、直流１００ボルトの低圧を生み出す発電機が回転するのだ。この１００ボルトの電源が、機関車を動かすための制御回路機器、前照灯、尾灯、などの電源をまかなっている。時々、制御回路機器の断線やヒューズの断線で運転不能となることがある。

電気機関車の「応急処置訓練」とは、仮設の断線箇所をつくってそれを発見し、処置する訓練である。

電気が来ているか、来ていないか指で触る。ビリビリと感電すれば電気が来ていて断線していない。反対にビリビリしないと断線、あるいは接触不良。こうやって故障している箇所を見つけるのである。電圧は低圧の１００ボルトであっても気持ちのいいものではない。心臓は左側にあるから右手で触れと言われていた。

さらに指が乾燥していると感電しにくいので、その場合は指先をなめると指導された。１９７４(昭和49)年に電気機関士になったが、この頃でも「応急処置」の断線確認はそのようにやっていたものだ。ただやはりこの確認方法は労働基準法に違反しているということで、その後このような確認は、万年筆形の検電器を使用するようになった。

幹線電化で電気機関車が導入された1920年代、国内の電気機関車はすべて英米独スイスからの輸入電気機関車であった。よく故障した。火傷をしたり、感電して亡くなった人もいたと聞く。その度に改良、改造を重ね、それを元に国産の電気機関車をつくり上げた。

私も機関車故障は何回か経験しているが、とはいえめったに起こるものではなくなった。電気機関車の信頼度は、昔とはくらべものにならないほどに上がったのである。

まさかのＳＬ、石炭投炭訓練!?

まだ現役で残っていた蒸気機関車小さなショベルで投炭訓練

　私は電気機関助士になるために養成所に入ったのであるが、実習には何故か蒸気機関車（以下ＳＬ）の石炭くべの練習が含まれていた。小、中学生の時、さんざん苦しまされた喘息持ちゆえ、ＳＬは体がもつまいと電気機関車の道を選んだのに、投炭練習を行うという説明に一瞬「ええっ」とたじろいだ。

　実習に行った新鶴見機関区、国府津機関区には、まだ現役のＳＬが残っていて、これらの機関区には投炭練習場がありＳＬの模型火室があった。２ｍほどの半円形の木製の板にＳＬの鉄製の焚口戸《たきぐちど》が取りつけられ、その奥は板で四角く囲ってある火室である。ここに石炭を船底形の層になるよう放り込むのだ。

　船底型の層になるようにするのは、蒸気の上がりが良いからだ。機関車の形式によって火室の面積は異なっていて、D51形とすれば3・27㎡、おおよそ幅1・6m×奥行2mである。石炭をくべるショベルには大と小があるが、石炭を盛ると1kgの重さとなる小ショベルを使わされた。右手で炭庫の石炭をすくって上半身を180度回転させ、左手で焚口の戸を開き石炭を放り込む。この繰り返しで、記憶も定かではないが1期100杯以上くべたはずだ。

ここで所定の厚さにくべられているかどうか火室の決められた箇所をスケールで測定する。そして2期、同じ量をくべる。また測定して採点だ。「始め!」のかけ声で始めたから時間の制限もあった。練習の場合の石炭は粒の細かい砂炭を使った。ショベルを焚口の脇にぶつけて運転室にまき散らした石炭は、ホウキで集めて量を測定し減点対象となった。石炭とともにショベルも火室に投げ入れたら、労働用具を失うので失格である。〝伏せショベル〟という特異技も教えてくれた。ショベルを焚口入り口に入った瞬間反転させ、下にたたきつけるようにくべると、石炭は火室全体に平均に散っていくのだ。「へーっ」と思った。

機関士、機関助士にとってはSLはとても過酷だった

国鉄の列車がほとんどSLで運転されていた頃、日本で出炭する石炭の1割を国鉄で使っていた。石炭節約が至上命令であった。いかに節約するか、効率よく焚くかと方法が考えられ、訓練された。ある先輩の書き記したものに16分で360杯とあった。これは一人前の機関助士の所要時分で、新米は30分以上かかったという。昔は高等小学校を14歳で卒業して国鉄に就職し、15、16歳で機関助士となった。少年達は機関助士になるために、毎日毎日激しい投炭訓練にさらされた。一人前となっても急勾配線区のトンネルでは煙にまかれて意識喪失、窒息死した乗務員もいる。篠ノ井線で機関助士をやっていた先輩に聞いた話だが、難所として名高い冠着《かむりき》トンネル内の上り勾配で、くべても、くべても蒸気が上がらず、速度がどんどん落ちてくる。運転室には煙が充満、窒息しかけて「死ぬ」と思ったとき、機関士が「石炭の中に顔を突っ込め!」と怒鳴った。積まれている石炭の隙間に空気があるからだ。時速5~6㎞の停まりそうな速度で勾配を上り

実車D51形で特異技、〝伏せショベル〟の実演をしてもらった。D51形は焚口戸を開くのに左足元にあるペダルを踏むので、両手でくべる大ショベルが使えた。中津川機関区にて 1971年1月

切って助かったという。

SL全廃直前のとても貴重な体験となった

1976（昭和51）年、国鉄のSL全廃を前にして起きたSLブーム。自身の父親はたたきあげの機関庫主任（後の機関区長）だったという、シェイクスピアの翻訳で知られた英文学者中野好夫は、若いアマチュアカメラマンの狂態ぶりを見て「くたばれ、SLファン！」

という一文の中で、「一体あのSL運転室内での労働がいかに過酷な重労働であるか、はたして彼らは知っているのであろうか。彼らに少年たちの必死の重労働を真夏にでも体験させるがいい、1時間で音をあげるだろう。私は電化、大賛成」と語らしめている。

私たち電気機関助士科の投炭練習は、昔に較べればほんのお遊びにしか過ぎないものであった。しかし、今では決してできない貴重な体験であった。

Chapter 2

電気機関助士見習の日々

配属されたのは、花形の「東京機関区!」

記憶の片隅に残る歌「大東鉄に我らあり」

1987(昭和62)年に国鉄が「分割民営化」されて昨年で30年。〝国鉄〟を知らない人が増えた。〝JR〟は本州3社に北海道、四国、九州の3島会社を加えて旅客6社、それに線路を持たない貨物会社の1社を加えて合計7社に分割された。

私の過ごした国鉄時代は27の鉄道管理局に分けて運営されていた。職員の採用は主に管理局ごとに行われた。私が採用されたのは「東京鉄道管理局」。東京駅を中心として、東海道本線は熱海、中央本線が甲府、東北本線は大宮までがその管轄であった。しかし、1969(昭和44)年に東海道本線主体の「東京南鉄道管理局」、中央本線主体の「東京西鉄道管理局」、東北本線主体の「東京北鉄道管理局」の3局に分割・再編され、私は南局の一員となった。

東京鉄道管理局、略して「東鉄」と言った。「東鉄」は鉄道発祥の地、新橋～横浜間を受け持っている。ここを基に鉄道は全国に広がって行った。その誇りと気概、矜持を込めた「大東鉄の歌」というのがあった。1965（昭和40）年4月19日に大船職員養成所、第14回電気機関助士科に入学して、初めて聞かされ、練習させられたと思うのだが、覚えているのは

「・・・・線路は伸びる西東

・・・・大東鉄にわれらあり、

大東鉄にわれらあり、われらあり」

の部分の歌詞と節のみである。全部覚えている人はいないかと、いろいろ当たってみたが誰も覚えていない。たった3カ月の入所期間中であったが、私は何度も歌わされたような気がしてならないのだ。要するに企業精神を植えつけよう、ということであったのであろう。その養成所の修了式は7月24日。最後に担任であった徳田講師から一人ひとりに配属機関区が告げられた。

「滝口！　東京機関区！」。

50年以上前のことであるが、ここのところは今でも生々しくよみがえってくる。そして「蛍の光」よろしく、「大東鉄の歌」を歌って配属先に向かったと思う。

当時、現場は労働組合の力が強かった。企業精神を植えつける歌など相手にしなかった。だから「大東鉄の歌」は50余年前のたった3カ月の養成所だけのお付き合いであった。「国鉄」が去って行った今、妙に懐かしい。

東海道本線を受け持つ伝統の「東京機関区」

さて、私が配属された東京機関区は東海道本線の特急旅客列車などを受け持っている〝花形〟機関区であった。歴史をたどっていくと1872(明治5)年の鉄道開業時の新橋機関庫にたどりつく。新橋〜横浜間から出発した線路も東西南北に路線が延び列車本数も増えると、新橋ステーション構内も手狭になった。そこで皇居の東側に展開する江戸時代の大名屋敷跡、明治政府となると警視庁、陸軍練兵場となったが、政権が安定してくると郊外に移され、三菱財閥に払い下げられ、「三菱ヶ原」という広大な空き地となった。ここに高架の中央停車場を造ることになった。

しかし、高架鉄道建設の経験はまだない。ドイツからフランツ・バルツァーをお雇い外国人として招き、1900（明治33）年から工事が始まった。新橋機関庫も旅客部門を分離して中央駅の片隅に移ってきた。

中央停車場が「東京」と名付けられたのは開業直前の14年（大正3）12月。機関庫も東京機関庫となった。その後1925（大正14）年、東海道本線東京～小田原間、横須賀線大船～横須賀間に石炭節約のため水力発電を利用しての電気機関車による運転が始められた。幹線電化1号である。東京機関庫は電気機関車運転のパイオニアの歴史も持っていたのだ。そして東京機関庫も東京機関区と名が替わり、東京駅も手狭となって品川操車場に移ってきたのは1942年（昭和17）。これが品川にあって東京機関区といわれるゆえんだ。

私を含めて9人が東京機関区に配属された。全員で機関区長室に入って赴任のあいさつ、そして訓示を受けたはずである。「東京機関区は歴史と伝統のある機

関区である。どうかその名を汚すことのないよう仕事に励んでもらいたい」と。

だが50余年の時間が経っている。記憶はほとんどない。

配属された東京機関区は品川駅構内にあり、東海道本線の上下線に挟まれるように建っていた。写真は上り本線側から見た全景 1979年7月8日著者撮影

東海道本線で見習乗務が始まった

機関車の運転も講習も睡魔が最大の敵

東京機関区へ配属された私たちの正式職名は「電気機関助士見習《みならい》」。見習乗務を経て試験に合格しなければ〝見習〟の字の取れた一本立ちの「電気機関助士」にはなれない。まず2週間ほど機関区の講習室で指導機関士から資料をもらい、東京機関区が運転を受け持っている区間の設備や特徴の説明を受ける。さらには、実際の機関車で出区点検や応急処置の訓練も再度行われた。これを〝庫教《くらきょう》〟という。指導機関士とは知識、技量ともに優れた経験豊かな先輩たちだ。通称〝指導員〟と言っている。

学校の勉強でもそうだが、机上学習は講師が面白おかしく話をしてくれれば別だが、聞いている方には大体睡魔が襲ってくるものだ。この庫教でもそうだ。機関車乗務員にとって睡魔は最大の〝敵〟である。私はこんな時、いすから立ち上がって話を聞くことにした。すると仲間が「お前、何しているんだ？」と言う。「眠いからさ」と答えると、何人かが真似しだした。こんなことが原因だったかどうかは知らないが「今回来た見習の連中は優秀らしいぞ」と、うわさが立っていたらしい。

私はその後、機関士となって退職までの間、深夜帯にごくまれに睡魔に襲われることがあった。そんな時には、運転席から立ち上がり、立って前方注視をした。それでもひざがガクンと折れたことが何度かあった。どうしようもない時にはガムを噛んで睡魔と戦っていた。

東海道本線の信号を覚える　記憶と勘の乗務の世界

さて、習うより慣れろである。1965（昭和40）年8月5日、私の初乗務が始まった。東京機関区の主な乗務区間、東京～静岡間180・2㎞、駅数41、信号確認数片道おおよそ220本。往復440本。その他の信号機を合わせれば1000本に近いだろう。その建っている場所＝建植位置を覚えるのだ。信号機は1本1本違った名前と番号を持っている。例えば「函南・三島間下り第2閉塞信号機」と言われれば、そこの地形、風景がまざまざと頭の中に浮かんでくる。その他曲線の制限速度、駅の側線に出入りする制限速度などなど、地形、風景とともに覚えなければならないことが山ほどある。自動化の設備・機器が多数取り入れられた新幹線と違って、すべて〝記憶と勘の世界〟なのだ。

最近、こんな話を聞いた。新幹線の運転士になったのだが、運転や会社への魅力を失い、70倍の難関試験を突破して都電の運転士に転職した人がいるという。それにしても都電運転士の採用試験が70倍とは!!

見習い乗務中に新聞でポカリ！「シゴキのB」さんのしごき

見習乗務は先輩の〝お師匠さん〟教導助士について行われる。お師匠さんにもそれぞれ性格があるから、私たち見習もその性格に甘んじなければならない。当時、東京機関区には国鉄当局の要員対策不具合で30歳代の電気機関助士が多かった。私たちより一回りも年齢が上のベテランなのだ。私は登用試験まで16回の乗務で〝お師匠さん〟が3人も変わった。3人目は「シゴキのB」と言われている人だった。二人目のお師匠さんに「覚悟しろ！」とおどかされていた。

見習乗務で一番重要なのは、信号を覚えることである。運転規程には機関士と助士は信号を確認したらお互いに喚呼応答しなければならないという条文がある。機関士が喚呼し助士が応答するのだ。しかし、助士見習の場合は信号を覚えるため助士が先に「7番線出発進行」とか「第1閉塞注意」などと喚呼し機関士が応答することになっていた。

「シゴキのB」さんは機関車の補助いすに掛けて新聞紙を棒状に丸めて構えている。私がたびたび信号機名を間違えたら「この野郎、また間違えた、後ろに行ってろ！」と新聞でポカリ。叩かれはするが痛くもかゆくもない。「はい、後ろに行っています」と答え、後ろの運転台で〝反省〟したのである。そのうち「さあ、前に来いよ」と迎えに来た。うわさと違って優しかったのである。

乗務開始前に運転当直助役と行う仕業点呼風景。運転時刻表の乗務に関係する項目を機関士がすべて読み上げ確認する
1967年8月14日

汽笛に信号喚呼、ついに試験はじまる

電気機関助士、またの名を「笛吹童子」

1カ月半の見習乗務でいよいよ技量審査＝試験の日がやってきた。

しかし、ハンドルを持って運転する機関士と違って、電気機関車の助士は運転中は機関士の隣に座って前方の信号確認などの仕事だけである。機関士がミスをしそうな時には注意を促すという任務、機関車が故障したら協働して故障カ所発見、応急処置という仕事もあるが、昔と違って機関車の信頼性は上がっている。おしなべて単調な仕事である。

蒸気機関車であると、機関車を動かすための蒸気を作る投炭作業という重要な仕事があるのだが、電気機関車にはない。電化されて蒸気機関車から電気機関車に転換すると、「なんて楽なんだ！」ということだ。そこでの電気機関助士に与えられた仕事は汽笛を吹くという仕事である。助士席に座ると、右腕ひじ掛けの前に汽笛弁があり、上から押すと「ピー」と鳴る。

今は沿線住民から〝うるさい〟という苦情があって汽笛を吹くのをやめてしまったが、私の時代、発車する時は機関士が5秒程の長緩《ちょうかん》汽笛を鳴らし、それ以外の汽笛は助士が担当だった。なかでもトンネルの入口や鉄橋の入口では3秒程の適度の長さの汽笛、駅の入口にある場内信号機、出口にある出発信号機、これらは絶対信号機といって見誤ってはならない信号機で、駅を通過する際は200m手前で0・5秒程の確認のための短急《たんきゅう》汽笛を吹きなさい、ということになっていた。

だから電気機関助士は「笛吹童子」という皮肉な別名をもらっていた。「笛吹童子」と言っても今の人にはわかるまい。私が小学生の頃、NHKで放送されていた時代劇のラジオドラマ。テレビではない、ラジオですよ！　私たちは血沸き肉踊らせる放送を楽しみにしていた。主人公は横笛を吹いているのだ。私の年代の人間に「笛吹童子」といえばハハァーンとうなずくはずだ。

汽笛を吹く、吹かないで刑事事件にも

今は汽笛はめったに吹かなくなったが、危険を知らせる非常汽笛を吹かないで人身事故を起こしたりすると、刑事事件に発展することもあるのでこの場合はこの限りではない。いきなり線路の物陰から人が現れて、汽笛を吹く間もなく人身事故を起こしたら、それからでもいいから短急汽笛を数声吹け、と先輩たちに言い聞かされていた。「やることはやったんだ……」ということで。

話がそれてしまった。助士の仕事としてもう一つ付け加えれば、東京機関区は旅客列車を担当していて、ブルートレイン以外の急行列車、普通列車は蒸気暖房を行っていた。急行列車を引っ張るEF58形には蒸気を発生させるボイラー、それに使う水、重油を積んでいて、機関車で沸かした蒸気が管を通じて客車を温めていた。冬場の客車への暖房作業は電気機関助士の仕事であったのだ。

信号喚呼を一つ落としたらそれで試験はおしまい

さて、試験であるが機関車の構造と運転法規の「ペーパーテスト」、「宝さがし」という「出区点検」、低圧の制御電流に感電して故障カ所を発見する「応急処置」、そして「運転」である。機関助士は実際には運転するわけではないから、信号機を正確に喚呼できるか、汽笛は正確に吹いているか、駅近くでは運転時刻表を確認しつつ停車か通過かなどを、機関士の前で指差確認する。駅構内は横窓を開放し起立する。注意信号や警戒信号を越えて進行するときも起立することが定められ、立ったり座ったりが忙しいのである。また、車掌が通知してきた編成両数が正しいか客車を数える仕事もあった。運転試験は持ち点から減点法で行われた。信号喚呼を一つ落とすと、それでおしまいという厳しいものであった。

この時の試験はもうまったく記憶にないので、残っている乗務日誌をたどると、私の試験日1965(昭和40)年9月14日、天候雨。機関車EF58形145号機、試験区間は東京〜大船間46・5㎞、荷物43列車であった。結果は同期生9

人、全員合格であった。
　9月26日が初乗務。隅田川駅構内の手小荷物列車の入換の仕事であった。

初乗務で乗ったEF53形13号機。この写真を撮った半年後、EF59形に改造されて山陽本線瀬野～八本松間の補機となるため東京機関区を去った
1968年2月22日　隅田川駅

Chapter 3

電気機関助士として乗務

初乗務は深夜、23時39分に出勤

新しい交番表の発表で機関士と助士の組み合せが決定

月末の25日が乗務員の翌月の勤務を指定する〝交番表〟の発表日であった。乗務員室の一番目立つ所にA3サイズほどの古びた額が掲げられ、指導機関士が今月分と翌月分を交換していく。するとそこに居合わせた乗務員がモソモソと額を取り囲む。

勤務割は、例えば13日周期で同じ仕事を繰り返す〝交番乗務組〟と、臨時列車に乗務する〝予備組〟とに分けられる。私が機関助士になった当時、交番乗務組は甲組、乙組、丙組、丁組の4組に分けられ、甲、乙、丙は本線列車、丁組はもっぱら隅田川駅構内で手小荷物専用列車の編成を行なう入換乗務であった。丁組は本線列車は早くて嫌だという年輩者に考慮した組でもあった。交番乗務組の各組に

3カ月乗ると次の1カ月は「予備組」というシフトで1年が回って行った。

さて、新しい交番表が発表されると居合わせた乗務員がモソモソとそれを取り囲むのは訳がある。予備組から交番乗務組に移行した乗務員が誰と同乗するかが指定されるのである。「チェッ、あいつかよ」とか「オー、あの人なら」という悲喜こもごもが心の中に交錯するのだ。最長3カ月間、同じ人間と乗務し続けるのである。勤務割がどうであるかより、誰と同乗するかが乗務員たちの強い関心ごとであった。この辺のできごとについては、横川機関区で機関士として勤務しながら、俳人、作家と成した清水寥人《りょうじん》さんの第50回芥川賞候補作品となった「機関士ナポレオンの退職」がうまく描いてくれている。頑固者で嫌われ者の〝ナポレオン〟とあだ名されている機関士と、同乗することになった機関助士の〝ぼく〟との物語である。最後にナポレオンと意気投合し、子どものないナポレオンに「オレの息子にならぬか」というところで小説は終わる。映画化もされている。機関士と助士はウマが合うことが大切なのだ。

初の乗務はEF10形での入換作業だった

さて、私の初乗務は、東京機関区に配属されわずか3カ月、100人余の機関士の顔も名前もろくに一致しないのに、勤務ごとに機関士が替わる予備組に回された。同乗するのは杉山機関士。勤務は531仕業。丁組の入換仕業で、深夜帯のきつい仕事である。出勤は23時39分。機関区をEF10形35号機で出区し、2649手小荷物客車に連結し品川を午前1時14分発。山手貨物線を経由して田端操へ。ここで機関車を反対側に付替えて常磐線に入る。三河島駅と南千住駅の間にある三ノ輪信号扱所から隅田川駅に入り3時7分着。到着後、手小荷物専用列車の編成入換作業を行い、駅の仮眠室で3時間程仮眠。

起床後また入換作業を行って、EF53形13号機で2941手小荷物客車をもって隅田川9時30分発。この列車は常磐線上野駅を通って東北回送線(今の上野東京ライン、当時は単線)を経由して東京駅を通り東海道本線に入って品川10時18分着。ここで交代して歩いて機関区に帰ってくる仕事であった。退庁時間は11時。

深夜に近い出勤時間に機関区も人はまばら。この日同乗する機関士の杉山さんはすぐ分かった。

「今度一本の助士になった滝口です。今日一緒です。初めての乗務なのでよろしくお願いします」

と挨拶したはずだ。

杉山さんはあと2、3年で〝定年〟を迎える。好々爺《こうこうや》風に「オォオォ」とだけ答えたような気がする。この時代55歳が〝定年〟であったが、この年代に近づいた人達は今から比べると妙に年寄りじみていた。

東京機関区というと東海道線の〝花形特急列車〟というイメージであろうが、こんな地味な列車、入換作業も持っていたのである。

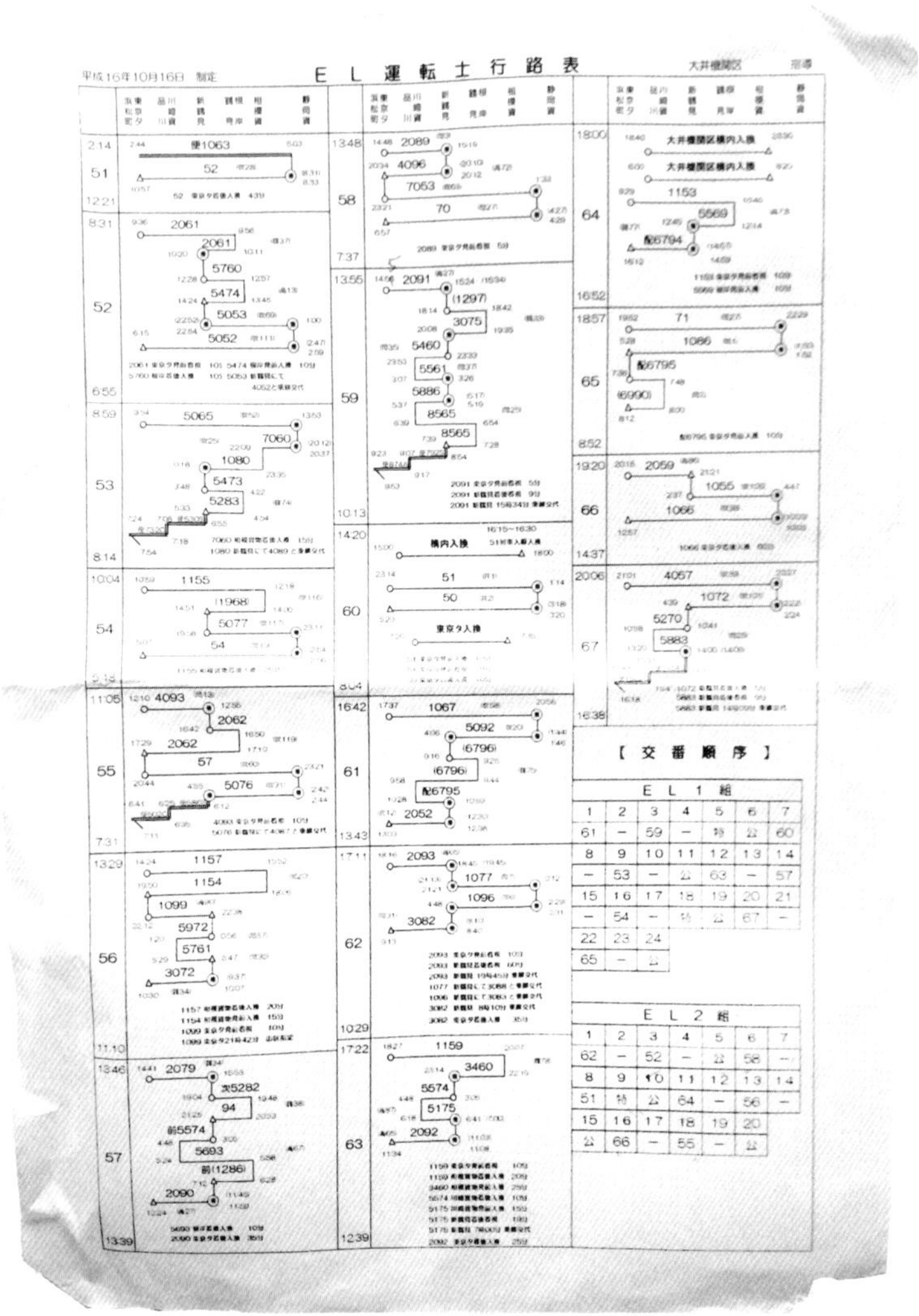

カレンダーの横に貼っておく、乗務員仕業表。51、52……仕業番号。
番号上が出勤時刻、下が退庁時刻。
これは定年退職間近のJR貨物大井機関区時代のもの

品川発東京行き、回送発車55分前

とても不規則だった乗務員の仕事

電気機関助士の発令通知をもらって、初めての「仕業」の出勤時間は23時39分であった。乗務員の仕事は国鉄内では「仕業」と言った。

普通の人には想像もつかないような出勤時間になっているのは、列車の発車時刻によって出勤時間が決められているからだ。東京機関区は基本的には品川発東京行きの回送列車の発車時刻の55分前が出勤時間であった。きりのいい時間となっていないので、たまには間違いや勘違いも出てくる。だから1回仕事が終わると終了点呼で「次仕業は何日の○○仕業」と口頭で確認する。しかし、それでも時たま出勤時間を間違える人が出てくる。1987（昭和62）年の国鉄分割・民営化近くなると締め付けが厳しくなり、終了点呼の際「次仕業の出勤時間を言いなさい」」、「運転状況報告書に何月何日○○仕業と出勤時間を書いて提出しなさい」」、ということになった。国鉄時代は出てこない人、急病人などに備えて「予備」の人間を置いて待機させていたが、民営化後はめったに置かず、「公休」呼び出しで対応するようになった。

55分の内訳であるが、作業服の着替えと乗務日誌を記入して始業点呼を行うのが20分。機関車のパンタグラフを上げ、生きた状態にして点検を行うのが20分。残りの15分前に出区して客車に連結に行くとなっている。しかし、55分前にきっかり出勤したら、ほとんど余裕なんてものはない。だから早め早めに何でもするようにはしていた。機関車に不具合があれば早めに出ていれば遅延させずに済む。今で言う〝サービス労働〟であろう。

家族に勤務時間は伝えたものの思わぬ失敗をしたことも……

毎回出勤時間が違うということは自己管理も大変であった。交番乗務となると

3カ月間の仕事が決まってしまうので、カレンダーの日付の下に仕業番号を書いておく。休みの日は「ヤ」だ。その横に機関区でくれた出勤時間と退庁時間の記された仕業表を張っておく。ここには乗務する列車番号、発着時間、到着駅など、仕業内容も記されている。私は長いこと、母と二人暮らしであったが説明しても大正生まれの母は分からない。いつも「明日は何時に家、出るの?」であった。結婚してカミさんに説明すると、さすが飲み込みは早い。「明日は何時ね」となった。

もっとも3カ月に1回やってくる予備勤務の月になると、休みの日が指定されるだけで、仕業は4日前に決まることになり、あらかじめカレンダーには書き込めない。そのため仕事から帰ると家人に明日は何時に家を出る、あるいは休みと告げた。

それでも、43年の乗務員生活で、国鉄時代にほんの数回出勤時間を間違えたことがあった。これは笑い話となるが、休みの日に出勤したこともあった。機関区の庁舎に入ると、まず運転当直に「××仕業出勤しました」と顔を出す。当直には当直助役と内勤の二人がいて、もっぱら内勤が「××仕業出勤」とチェックする。

でもこの時、内勤は人までチェックしなかったのだろう。私は時刻表ボックスから××仕業の運転時刻表を抜き、それを掲示室の机の上に置いて、制服に着替えに行った。ふたたび掲示室に戻り、掲示類を見ながら乗務日誌に関係事項を記していく。するともう一人××仕業が現れて、「これは俺のだ」と言って、運転時刻表を持っていく。「いや俺のだ」と取り合いになったところで私は運転当直に確認に行った。すると、なんと私は休みであった！　貴重な休日を無駄にして、何か1日損をしたような気がしてしょうがなかった。世間、大方の人のように土、日が休日なら間違いようもないが、乗務員が土、日に休みが当たるということは少ない。これは私が機関士になってからの話で週休二日制が導入されてからだった。

停車中の機関車に、乗り込む男あり

大阪に引っ越した子どもの頃の思い出

1950(昭和25)年、私が4歳の頃のことだ。父の勤めている永峰セルロイド工業という会社が大阪に支店を出すので、父、母、弟の4人で東京の北千住から大阪に転居した。母はこの会社の社長の末娘であった。セルロイドは引火性が強く、今はプラスチックに取って代わられてしまった素材であるが、昔は人形、筆箱、ピンポン玉(卓球の玉)など、いろいろ用途があった。

東海道本線の列車に乗って大阪まで行ったはずであるが、まったく記憶がない。大阪駅からは路面電車の大阪市電に乗って、今の地下鉄四ツ橋駅近くにあった北堀江という停車場で降りたはずである。これから住む家はどこなのだろうと探し始めたところから、幼少の私の記憶が始まっている。父母の不安な気持ちが私をも不安にさせたのだろう。新住居の前には4階建ほどのビルが爆撃による残骸をさらしていた。前の道路は市電が行き来していた。まだアメリカ軍を主とする連合国軍の軍事占領下であった。

戦後の復旧から特急列車の復活が進んだ

そこでの幼かったある日、父に「ほら特急列車が復活したよ」と新聞記事を示されたのを覚えている。これが私に鉄道というものを意識させた始まりである。図書館に行って当時の新聞の縮刷版を調べてみたら、1949(昭和24)年9月15日の特急「へいわ」正式運転前の8日に公式試運転が行われている。この記事が食堂車の写真とともに掲載されていた。父に見せられたのはこれか！　と思った。するとと私の記憶は3歳7カ月前から始まっていることになる。敗戦前の1944(昭和19)年4月1日、唯一残っていた東京〜下関間の特急「富士」が決戦非常措置要綱によって廃止され、国鉄からすべての特急列車が消えた。それが戦後、4年経って復活したのだ。「へいわ」は3カ月後に「つばめ」と改称し、その5カ月後にはもう1本、特急「はと」がデビューする。東海道特急2往復体制となったのだった。

父は私に新聞記事を見せただけではない。東京に出張する時にはよく私はつれ出された。暗くなってから関西本線の湊町駅(現・JR難波)まで歩いて、東京行き夜行急行「大和《やまと》」に乗るのだ。深夜名古屋に着き、東海道本線に入ると進行方向が逆になる。また同じ所にもどるような不思議な気持ちであった。窓を透かして見る暗闇の名古屋駅構内に時々赤い炎がともる。蒸気機関車の助士が投炭しているのだ。今でも眼の奥に焼き付いている。「大和」の座席に寝かされて寝小便をたれたこともあった。食堂車で食事をした思い出もあるから大阪駅に出て特急「へいわ」か「つばめ」か「はと」に乗って上京したかもしれない。「とんかつを注文したらこいつ衣しか食べない。俺ぁはずかしかったよ」と母に言っているのを覚えている。

私が電気機関助士になった時、東京機関区は急行「大和・伊勢」の東京〜沼津間を担当していた。この乗務にぶつかった時、思いは幼き日々に向かうのであった。

幼少期の思い出がもうひとつある。30㎝ほどの長さのOゲージの私鉄電車の模型を買ってきたこともあった。その後北千住に戻り、私が小学校高学年になると、EF58形デッキ付旧車体のOゲージ自由形電気機関車を買ってくれた。決して裕福な生活ではなかったが、周りの友達でこんなものを持っている子はいなかった。父も好きだったのだろう。

北千住に機関車が着くと乗り込んでくる男が

電気機関助士時代、北千住で東北から来た鮮魚列車をうけとり、汐留を経て築地市場に運ぶ仕事があった。出勤時「今晩は北千住に来るんだ」と父に告げた。するとどうだろう。23時過ぎ、鮮魚をつんだ冷蔵車に機関車を連結し、側線の上り1番線で発車待ちしていたら、ホームを飛び降りて、私のEF10形のデッキに上がってくる人がいる。父であった。少々ほろ酔い加減。手には寿司の折り詰め、夜食の差し入れである。私のだけではなく、機関士にもと二人分を持ってきた。息子が仕事で来ていると駅員に告げると、改札口を通してくれたといい、山中常次機関士と世間話をして帰って行った。私には迷惑この上なかったが、今は懐かしい思い出である。父も機関車大好き人間であった。まだ時代はおおらかであった。20歳の夏のことであった。

機関車と荷物車を、バックで連結

隅田川駅という名の駅を知っているだろうか？

東京で隅田川駅といっても知らない人が大部分だろう。まして地方の人にとっては……。荒川区南千住にある人の乗降のない貨物専用駅である。地下鉄の三ノ輪駅から一気に急勾配を駆け登り地上に抜け出て南千住駅に到着する東京メトロ日比谷線。その3、4階程の高さに達するホーム上から、この隅田川駅が一望できる。今の隅田川駅はＪＲ貨物のコンテナ専用基地となっている。

近くには大阪西成の釜ヶ崎と並ぶ労働者の街、山谷《さんや》があった。労働者達はここに林立する簡易宿泊所に寝泊まりして稼ぐのである。そして私の通った高校、都立航空工業高等学校(現・産業技術高等専門学校)は、日比谷線・常磐線の南千住駅から歩いて20分ほどの汐入《しおいり》にあって、隅田川駅には近かった。

私がそこで学んでいる頃、度々山谷で警察官と労働者の間で暴動が起きた。暴動がおさまり、学校が引けた後、友人と「山谷に寄って帰ってみようか」とおっかなびっくりバスに乗って山谷で下車して南千住駅まで出たことがあった。

山谷の労働者が「暴動が起きたのはここだよ」と何事もなかったかのように教えてくれた。昼から酔いつぶれている人、荒くれ者も多かったが、同時に何か優しさも秘めているような気がした街でもあった。山谷には安い一杯飲み屋や食堂がひしめき3本立ての映画館もあった。私の実家は隣の北千住であるから、ここら辺も私の〝地元〟といってもいい。

電気機関助士となって、隅田川駅に出入りするようになり、地元の経済がこんな物流の世界に支えられていると知ったのであった。この山谷も、今では安宿を求めて旅する外国人旅行者の街に変貌したようである。

機関助士がとても緊張する隅田川入換

国鉄時代、ここには2面のホームに着発線4本を持つ手小荷物専用線と、その横には留置線が何本かあった。手小荷物を積むのは荷物車と呼ばれる客車である。荷扱手《にあつかいしゅ》が乗務し、トイレもついている。荷物を積むのでもちろんいすはない。この荷物車で編成した手小荷物専用列車があった。しかし、宅配便の普及とともに〝あっ〟という間にこの列車は消滅してしまった。コンテナ専用基地となった今、ホームは跡形もなく撤去され、コンテナ積込線に変わった。

東京機関区では手小荷物専用列車の編成入換を担当していた。機関士は上野寄りの運転台でハンドルを握り、操車掛の旗の合図で前に行ったり後ろに行ったりを繰り返すが、連結はすべてバックの状態である。

悪いことにこの手小荷物専用線はすべて機関助士側にカーブしていて、機関士側からは連結する車両の位置がまったく見えない。操車掛の旗の合図を信用してバックしていけばいいのであるが、その補助に機関助士が大きな声で〝当たり喚呼〟を繰り返す。「当たりまで5両」、「3両」、「1車」、「10メーター」、「5メーター」、「3メーター」、「1メーター」、「はい、そろそろ」という具合にである。これが機関助士の大きな仕事であった。

少々乱暴に連結しても壊れない2軸貨車に対して、この荷物車、人間の乗る客車と同じでデリケートに出来ていて、連結時の当たりが強いと、先ずトイレの便器が割れてしまう。これは事故となり、修理しないとこの荷物車は使えない。だから入換作業はかなり緊張するのだ。

仕事の後は山谷で3本立ての映画館

緊張の1～2時間の入換作業が解けて、夜のとばりから深夜まで休憩する仕業があった。眠るにはまだ早い。山谷の食堂に入り、3本立て映画館に入った。この時間もう1本半しか見られぬから料金は半額の150円。渥美清の「ああ声なき友—遺書配達人より」の半分と「無宿人、御子神の丈吉」を見たのを覚えている。私達は国鉄という身分の保証された労働者であるが、日雇いである山谷の労働者と、労働者であることに変りはない。

山谷の街が抵抗なく私に溶け込んできたのである。

隅田川駅手小荷物専用線。EF58形が停まっているのが、手小荷物1番線。となりの荷物車が2番線。その向こうに3、4番線がある 1984年8月23日

静岡7時40分発、特急「はやぶさ」に乗務

もっとも遠い乗務は静岡まで　先輩から教えてもらった噂話

「静岡は美人が多いんだぞ、よく見ておきな」

と先輩から教えてもらったのは電気機関助士見習になって、東京～静岡間を乗務するようになってからである。そう言われてもまだ仕事を覚えるのに汲々《きゅうきゅう》としていたし、まだ社会に出たばかりで精神年齢は〝子ども〟である。静岡の「美人」を観察するには早すぎた。それに静岡までの乗務は月2回、多くて3回であり、見習い乗務でたった3回しか静岡には行っていない。地形も信号も制限速度も覚えきれるものではない。国鉄就職前は静岡と言えば遠い地であったが、乗務で静岡まで行くようになると、俄然静岡は私の心の中で近くなりだした。

〝さすらいの旅〟で九州に行った帰りなど、急行で帰ってくると、静岡に着くと

もう我が庭を走っているような気になったものだった。私は東京育ち、今は横浜在住であるが、東京～静岡間180・2㎞、今でも静岡はほんの隣町なのだ。何も「静岡は美人が多いんだぞ」と言われたせいではないが、乗務で静岡に行くのは旅行気分でうきうきとなるようなものだった。最も国鉄分割民営化後に移った「JR貨物」の乗務はすべて静岡貨物駅までで、それも深夜帯の乗務ばかりで静岡乗務は苦痛以外の何ものでもなかった。

「美人」といえば鉄道旅行作家の宮脇俊三さんが、『時刻表2万キロ』の中で秋田の阿仁合《あにあい》線(現、秋田内陸縦貫鉄道)に鷹ノ巣《たかのす》駅から乗った時、ちょうど高等学校の帰宅時間で、車内は男女高校生でいっぱい、立ったまま車内をそれとなく観察して手帳に「美人30%」と記したそうだ。東京では5%にも満たないというから、これは相当のものだ、と記している。

私のは車内で美人を数えるのでなく、静岡で乗務を交代して歩くホームトや、休養に赴く静岡運転所までの短い道のりで観察するのだから何%とするのは無理であった。

特急「はやぶさ」乗務で衝撃音におそわれる

さて、私は一本の電気機関助士の発令があると1カ月間予備組勤務に回された後、交番乗務となった。交番乗務とは組が甲、乙、丙、丁、戊組の5組あって甲組は13日、乙組は12日、丙組は12日、丁組は16日、戊組は6日ごとに同じ仕事を繰り返すのである。そして機関士も同じ、最短1カ月、最長3カ月間一緒に同乗するのだ。相性の合う機関士と同乗すれば申し分ないが、気難しい人と同乗すると最悪である。私の経験でいえば、2カ月間同乗して、ろくすっぽ口を利いてくれなかった人もいた。如才《じょさい》なくふるまえる性格なら、こういう人ともうまくやれるだろうが、私はそんな器用さは持ち合わせていなかった。

1965(昭和40)年11月より12日交番の乙組乗務開始。同乗機関士は40代半ばのベテラン機関士、安道貫介さんだった。11月6日は512仕業、下り101列車急行「銀河」、静岡0時32分着。静岡運転所で休養して、静岡朝7時40分発上り特急6列車「はやぶさ」という仕事であった。機関助士となって初めての特急乗務であった。ガチガチに緊張していた。

6列車は通勤、通学時間帯の静岡管内の線路を突っ走る。踏切が多く、直前横断されてドキッとさせられることが多いのである。そして興津《おきつ》駅を通過してすぐ〝ドカーン〟という衝撃音。非常制動で停止。停止しても初めての事、私はどうしていいのか分からなかった。後にはこんな時は下に降りて、機関車の状態を確かめて、大事でないならオーライで行ってしまうが、この時はすっかりうろたえてしまった。機関士にしてみれば「なんだ、こいつ!」であったろう。取り替えた枕木が車両限界を侵して置いてあり、ＥＦ65形５１４号機の排障器にぶつかったのだ。私は見つけられなかった。この一件以降、私は仕事に出て行くのが怖くなった。この仕事をずっと続けていくのかと思うとぞっとし、不安な気持ちが心を覆うようになった。

「静岡は美人が多いんだぞ、よく見ておきな」という一言も吹っ飛んだのである。

横浜～鶴見間を行く、6列車
特急「はやぶさ」。この列車を
見ると機関助士になりたての
頃を思い出す
1978年6月

全国で撮影した、蒸気機関車。その1枚を投稿した

仕事にも慣れてくると仕事が天国のように感じられた

何事も〝慣れ〟が肝心である。一本の機関助士となり、初めての特急乗務で線路際に置かれた古枕木をはね飛ばし、仕事に出て行くのが憂鬱になったけれど、こんな事はめったにあることではない。以後だいたい何事もなく過ぎて仕事に慣れて行った。そばに上司がいるわけでもなし、無事に乗務を終えさえすれば乗務員は〝天国〟であると思うようになった。

機関助士で働きつつ夜学に通って工学を学んだ

私は1965（昭和40）年4月から大船の国鉄職員養成所の電気機関助士科に入

学し、乗務員になるための勉強を始めたが、同時に東京神田にある某工学系大学の夜間部にも入学した。乗務するようになって夜の泊まり仕業のない時はせっせと大学に通ったが、なにせ仕事は泊まり仕業ばかり。多い時は週の半分は欠席であった。

講義の最中に回ってくる出欠表に仲間が私の欠席の時には、学籍番号を記入してくれていたので、ほぼ出席となったが、実験、体育などはこういうごまかしは効かない。それでも留年もせず4年で何とか卒業したが、入学はしたけれど、多くの仲間が脱落していっている。我ながら頑張った。

しかし、なんの学力もない〝工学士〟であろう。同じ国鉄職員で尾久客車区で仕事をしていた仲間がいたが、彼は卒業と同時にドイツ系企業に転職した。ドイツにも赴任した。先日、何十年ぶりかで同窓会で会ったら、今も現役で、会社は小さいが社長をやっているという。「そうか、よかったなぁ、よかったなぁ」と私は祝福した。同窓会終了後、分厚いビフテキをおごってくれた。彼の父親は貨物列車の車掌などを経て、最後は御茶ノ水駅長で退職した国鉄職員であった。

無煙化政策のなか蒸気機関車の撮影を始めた

この頃国鉄では電化による無煙化政策で、蒸気機関車が次々と廃止されていった。鉄道が好きで国鉄に就職したわが身である。消えていく蒸気機関車をだまって見過ごしていくわけにはいかない。講義のない休みを利用してカメラを持って、その姿を収めるべく日本全国を回り始めた。そんな時に撮った1枚を、父親が購読していた毎日新聞の日曜版が、「全国大学写真部員作品集」という名目で写真を募集していたので応募した。たった1回、大学夜間部の写真部に顔を出したきりの写真部員だが、「惜別のこころ」と題した小文とともに投稿した。するとあっと驚くなかれ掲載されてしまったのである。結構大きな扱いで目立つのである。大学名と氏名だけだから、機関区の人は気が付くまい思っていたら、掲載されたその日、出勤すると、

「おい、これ滝口君だろ」

と新聞を突き出され、周りにいた乗務員に回覧されてしまった。まさか気が付

く人もいまい、と思っていたのだが、夜学に通っていることなど公になってしまった。恥ずかしいやら、うれしいやら……。

こんなこともあって、東京機関区では〝写真家の滝口〟となってしまった。そして、その後、「東京機関区写真クラブ」を立ち上げるのだけれど、毎月積立を行って1年1回、カメラを持って歩く旅行会のようなものだった。機関区玄関階段下に暗室も作ってもらった。いい時代であった。

ベトナム戦争が始まりデモにも駆り出されることに

だが世をおおう政治状況は混とんとしていた。アメリカの北ベトナムへの空爆が連日報じられ、その空爆機B52は沖縄の米軍基地から飛び立っていくのである。空爆で大勢のベトナム人が亡くなっている。心を痛めている若者が大勢いた。ベトナム反戦運動が激しさを増し、安保反対、ごまかしの沖縄返還反対も加わり、全国の学生運動にも飛び火した。私の属する労働組合運動も無縁とはいか

なかった。連日のようにデモの動員指令が下りてくるのであった。

仕事、大学、写真、デモ。何と充実した青年時代であったことか。

毎日新聞に掲載されたのは、九州の高森線（現・南阿蘇鉄道）を走る蒸気機関車だった

ロクロク登場、巨大かつ高速な機関車ができた！

限界まで大きな車体に電車のようなマスコンだった

「オー、何とでかい機関車」というのがEF90形、後のEF66形の第一印象であった。落成7日後、東京機関区に回送されてきた。訓練時間に指導機関士から機器の説明と取扱方法を聞いた。

さて、どんな機関車か。まず顔、機関車の正面が今までの箱型と全く変わった。大きな窓と流線形に近い形、ヘッドライト、テールライトの位置がかつての151系電車を思わせる。正面下部横に4本の金色の飾り帯が入って顔を引き立たせた。車両建築限界一杯まで車体が大きくなり、運転台は新幹線0系より30㎝も高い。運転室の窓の視界は180度。運転席に座ると架線が額のすぐ近くに見え、外からは窓が大きいので運転室の中が丸見えという感じであった。

主幹制御器は今までの機関車と全く形を変え、丸いハンドルに変り、「何だ、電車のハンドルみたいだな」と私は思った。弱め界磁《かいじ》ハンドルに至ってはラジオの周波数を合わせるような小さな丸い〝ダイアル〟であった。さらには機関車では初めての空気ばね付きで、鉄がゴツゴツ擦れあう揺れとは違って、ゆらりゆらりと船に乗っているような乗り心地となった。

「イヤー、早く乗ってみたい」という気持ちがフツフツとわいてきた。

体もでかいが力もでかい　機関士2人乗務という規則に……

出力はEF65形の1・5倍、今までEF65形重連で牽いていた東海道・山陽筋の1000トン、時速100㎞の高速貨物列車を単機で引っ張ってしまおうと設計された力持ち機関車であった。

年表によれば1966(昭和41)年9月7日、EF90形1号機落成とあって、少々の手直しを経て、1968(昭和43)年7月量産型が落成、その名もEF66形として登場、10月1日のダイヤ改正から運用が開始された。

東京機関区にはEF66形運用の乗務員2仕業、701仕業、702仕業が導入されたが、どちらも東静岡操までの仕業で、貨物列車の場合乗務距離が延びるので規則上機関士2人乗務ということになった。そこで労働組合が「機関助士を軽視している、機関助士も乗せろ」と要求して1仕業だけ機関助士も乗せるということになり、701仕業は3人乗務となった。嬉しいではないか、新しい機関車には機関助士だって乗ってみたいのだ。

古い乗務日誌をパラパラめくっていったら、私のEF66形初乗務は1969(昭和44)年7月1日であった。同乗は府川次雄機関士に峯尾和光機関士。もう記憶はないが、古株の府川機関士はデンと構えていて、峯尾機関士と私で出区準備を行ったように思う。機関区というところは、先輩、後輩の意識が強いところである。この二人の機関士もすでに鬼籍に入ってしまった。

初めての乗務はEF66形1号機だった

ラッキー！　往路はロクロクのファーストナンバーEF66形1号機であった。品川〜汐留間単機975列車、汐留〜東静岡操間高速貨55列車、コキ現車18両、延長41両、換算81・0。東静岡操で西の乗務員と交代して仮眠をとる。復路、EF66形4号機、東静岡操〜汐留間高速貨54列車、コキ現車22両、延長51両、換算99・0。汐留〜品川間前585列車。品川着後前機を切り離して、東京機関区入庫という仕業であった。上下列車とも丹那トンネルの真ん中、第3閉塞信号機を確認後、機関士は運転を交代した。

55、54列車共にまだEF66形の余力を残した重さの列車であった。ちょっと説明を加えれば、延長は列車の長さで1両8mとして、41×8＝328mとなる。換算81・0は10を掛けて810トンという列車の重さとなる。荷によって毎日重さは変わる。機関助士としてのEF66形の初乗務は無事終わったと報告しておこう。

〝ロクロクのおじさんへ〟子供たちからの手紙

校舎から走るのが見えたEF66形に魅せられた子供たち

機関車相手に働いている私たちだって、ロクロク・EF66形電気機関車は〝カッコイイ〟〝乗ってみたい〟と思うぐらいだから、ましてや子供たちだって〝カッコイイ〟と思うのは同じだろう。

1971(昭和46)年、学校の夏休みを前に、東海道貨物線が今の横須賀線を走っていた時、横浜駅近くの沿線の小学校の先生から東京機関区に手紙が舞い込んだ。「ロクロクの貨物列車が学校の前を通過する時、教室から子供たちが喜んで手を振ります。子供たちに応えて手を振っていただけないでしょうか」というものだった。9人の促進学級を受け持つ若い女性教諭からのものであった。その手紙とともに、「ロクロクのおじさんへ」という子供たちの手紙も同封されていた。

この時の東京機関区のロクロクの貨物列車は東静岡操で乗り継ぎ交代して8時50分発、汐留11時49分着の1058列車であった。当該小学校の前を11時5分に通過する。機関士2人乗務に機関助士が乗る3人乗務の列車であった。

女性教諭からの手紙は乗務員休憩室に貼り出され、全乗務員の知ることとなり、当該小学校の前を通過する時は機関助士側の窓を開け、全乗務員が手を振って通過するようになった。サービス心が旺盛の機関士はピーッ、ピーッと短急汽笛を吹いてみたり、ヘッドライトを点けてパッシングしていった人もいたようだ。子供たちだけが嬉しいのではない。慣れてしまえば変化のない運転に、乗務員にだって楽しみの一つとなったのだ。その結果、「子供たちが明るくなり、時計が読めるようになり、機関士との手紙のやり取りで字を覚え、機関車の絵を描いたり、学習にも効果が上っている」ということだった。

夏休み明けの9月、子供たちにロクロクの写真を贈ろうということになり、8人の乗務員が訪れ、写真の贈呈かたがた子供たちとも交流した。このロクロクの写真は、私が横浜近辺で撮影したもので、四つ切に引き伸ばし額に納めたものだった。この時、私は勤務の都合で行けなかったが、この写真はその後、教室の教壇の上に飾られた。このお礼に子供たちのロクロクの絵が送られてきたが、暗い色彩の絵であった。

春、突然やってきた子供たちとの別れ

始めあれば終わりあり。翌1972(昭和47)年3月15日に山陽新幹線が岡山まで延伸される。それを期にダイヤ改正が行われ、この時間帯のロクロクの列車が東京機関区から消える。それにまた促進学級の子供たちも4月の新学期から3人が普通学級に戻り、それぞれが分かれることとなり、さらには教室も変わるため手も振れなくなるという連絡が入った。

そういうことならば、一度機関区に招きロクロクに乗せてあげよう、ということになった。子供たちの電車賃、昼食、鉛筆やノートのお土産代はカンパで集めた。私は〝写真屋〟さんでずっと付き添った。3月7日、子供たちを迎えに乗務員

3人と私の4人で学校に出向いた。よそいきのきれいな外出着を着て待っていた女子児童もいた。その子供の陰に両親の愛情を見たのであった。そして私たちへの感謝も。

機関区では機関区長が「皆さん、ようこそいらっしゃいました。皆さんの大好きなロクロクはお馬さん5200頭分の力があるんですよ」と説明をして、子供一人ひとりに乗務員が付き添い、機関車がバラバラに分解されて置いてある検修庫を見学させてから、庫外に留置してあるロクロクにたどりついた。運転室に乗りやすいように梯子も取り付けた。一人ひとり機関士の席に座って写真も撮った。

後日、教諭の礼状とともに届いた子供たちの絵は暗い色から脱出してバラ色に輝く絵であった。楽しい記憶はこんなにも子供の心に変化をもたらすものかと、改めて感じ入ったのであった。子供たちとの交流は1年にも満たない短い時間であった。にもかかわらず、もう50年にもならんとする昔のことながら、今なお、私の頭の中に鮮やかに記憶されている。

1972年、EF66形が引く貨物列車に向かって手を振る子供たち

1036トンの貨物列車が三島〜函南間のトンネル区間に……

国鉄時代の機関車には冷房装置がなかった

今の若い人たちには想像もできないだろうが、EF58形、EF65形、EF66形と電気機関車の運転室には電気抵抗器を用いた暖房装置はついていたが、〝空調＝エアコン（冷房）〟などなかった。機関車の車体は鉄板である。真夏には太陽の直射日光で熱せられ、出庫前の機関車に乗ろうものなら、運転台の温度は50℃に達してはいるだろう。こんな時どうするか。パンタグラフを上げたら、機械室内にある、機関車のモーターと速度制御用の抵抗器を冷やすための電動送風機を回すのである。大容量の扇風機と思ってもらえればいい。運転席後部の機械室の扉を開け、機関士席の横窓を開けると、すごい勢いで外の空気を吸い込む。これで運転室を冷やすのだ。

　機関車の設計段階からエアコンが組み込まれたのは、１９８９年(平成元)年２月に落成したＥＦ66形１００番代からである。今、国鉄時代のＥＦ66形の原型を保っているとして鉄道ファンの人気の的となっているＥＦ66形27号機(ニーナ)は後工事でエアコンをつけたから、不格好な四角い箱を運転室屋根上に乗せているのだ。

登り勾配区間のトンネル内で突然の停止

　ＪＲ化後の話ではあるが、ＥＦ66形乗務中の出来事をひとつ。１９９４(平成6)年8月末のことであった。私は東静岡で東京貨物ターミナル行の１０７６列車に乗継交代した。機関車はＥＦ66形3号機。エアコンはなし。運転室内は蒸し暑い。私は助士側の横窓を開け、機関士側の横窓も開けて、10時10分定時発車。両側の窓から風も入ってきて、これなら蒸し暑さもなんとかしのげる。コキ現車

24両、1036トンの長く重い列車であった。しかし、両側の窓を開けて走るということは、機関車外の騒音が運転室に忍び込み、室内は騒音にまみれて、特にトンネル内に進入すると、保安装置の警告音が聞こえなくなる、というリスクがあった。だからトンネル内に進入する時は窓を閉めるのである。

富士、沼津、三島駅と順調に定時運転を確保して、三島駅を過ぎると長い1000分の10の上り勾配となり、函南《かんなみ》駅まで4つの短いトンネルがある。この最初のトンネルで窓を閉めればよかったが、函南駅通過後に現れる長い丹那トンネルから閉めればいいや、と油断したのである。

時速80㎞で3番目の観音松隧道に入った。引き続き上り勾配を力行中であった。しばらくするとドカーン、バシャッという大きな音とともに停止してしまった。ドカーンは高速度遮断器、バシャッは非常ブレーキの音である。一瞬、頭の中は真っ白になる。

「何事か？」

そして我に返ると、暗闇の運転室で計器灯の中のEB装置(緊急列車停止装置)

の表示灯が点き、ブザーが鳴っている。EB装置とは機関士が1分間機器を動かさないと、ブザーが鳴り、表示灯が点灯し、5秒経つと自動的に力行回路遮断、非常ブレーキ動作という機関士が運転中、急病で意識を失ったり、心肺停止に陥ったりした場合の、1人乗務のための保安装置である。ブザーが鳴ったら何かを動かせばいいのだ。だが騒音で警告音のブザーが聞こえなかったのである。私はすぐ復帰扱いをして、ブレーキを緩め始めたのだが、24両もの長い列車だと完全にブレーキが緩むまで2分ほどかかる。頃合いを見てノッチ投入したのだが、今度は1036トンもの列車で、最悪なことに1000分の10の上り勾配上に停止してしまったので、容易に動かない。1、2、3……4ノッチでやっと動き始める。そろそろとゆっくり動き出したところで自動的にノッチを進めてくれるS段にノッチを移した。しかし、なかなか速度が上がらない。函南駅の通過予定時間がどんどん過ぎていく。普段はなんとも思わぬ時計の秒針が、こういう時は何と早く進むことか。

やがて函南駅から無線が入る。「1076列車の機関士さん、何かありましたか……」。いつもは時速80㎞の速度で通過する函南駅を3分30秒延の時速50㎞の速度でノロノロと通過した。

今、思うのである。「国鉄時代には最大の力持ち機関車、ロクロクであったからよかったものの……」。

後続の列車に影響が出なかったということで、この件は一件落着した。

ＥＦ66形0番代の運転席。右側の速度計の上にちょっと出っ張っているのがＥＢ装置表示灯。人差し指の先に伸びているのが、ＥＢ装置リセットレバー。警告音が鳴ったら、これかマスコン、ブレーキハンドル、汽笛、砂弁の5つのどれかを動かすと、ＥＢ装置はリセットされる

国鉄型EF66形0番代のなかでも、JR化後に、後付け工事でエアコンを運転室上に取り付けたEF66形27号機。唯一現役のロクロクで、国鉄時代の原型を保っていることから「ニーナちゃん」の愛称でファンに人気

機関助士は、命を懸けた仕事と実感した出来事

機関士時代に体験した非常ブレーキの記憶

機関士になってからの経験をもうひとつ。前方に踏切がある。しかし、よく見ると、クルマが踏切上に停まっているようだ。汽笛を吹く。そして一瞬の判断が大事なのだ。速度と距離、これではぶつかる、ダメだと思ったら、躊躇《ちゅうちょ》なく非常ブレーキに入れるのだ。バシャー、非常ブレーキの排気音とともに、グイグイと踏切上の車は近づいてくる。こうなると汽笛はピッピピッピピッと左手で汽笛弁を夢中で叩く。そして右手のブレーキハンドルは、もうこれ以上は動かしようのない非常ブレーキ位置を押し続ける。両足は突っ張ったままだ。「出ろ、出ろ、出ていけ!」と心の中で叫ぶ。車とぶつかろうが、ぶつかるまいが、悲しいけど機関士はこのままの状態を止まるまでとり続けるしかないのである。この時は踏

切30m位手前で運よく止まった。隣の機関助士が「僕だったら、止められなかった」とつぶやいた。

三島～沼津間、EF58形牽引の下り臨時回送列車であった。三島～沼津間は下り列車に対しては下り勾配である。かなりの速度は出ていた。判断が1秒遅かったら、ぶつかっていたはずだ。列車が止まるとクルマは動きだし踏切外に立ち去った。クルマの運転手は危うく一命を失わずに済んだのである。踏切外に脱出したら、降りてきて「申し訳なかった」の一言でいいのである。私は悔しくてしょうがなかった。

機関助士時代にあった悲しい事故

1967（昭和42）年9月30日、私が機関助士になって2年目のことである。いつも熱海で乗継交代している上り10列車・寝台特急「あさかぜ」が東刈谷～安城間で時速100㎞、100m手前でトラック発見というから、ほぼ出合い頭で衝突した。トラックは機関士席を直撃、機関助士が機関士を見るとうつ伏せになったまま動かない。機関車は2軸脱線、下り線に傾いている。機関助士は発煙筒を点火して、下り列車方向に走り、事故列車150m手前で下り貨物列車を止めた。浜松機関区の機関士は即死であった。新聞には頭を強打ということだが、ブレーキハンドルが腹部に突き刺さったとも聞いている。機関車はEF65形502号機、東京寄りのNO1運転台は押しつぶされて、機関士側は特に激しく内方につぶされている。新聞の写真を見て、「ああ、これでは機関士はひとたまりもないな」と思った。

東京機関区に戻ってきたEF65形502号機に絶句

その502号が事故後1週間ほどして東京機関区に戻ってきた。恐らく直近のどこかの機関区の転車台で運転台をひっくり返し、使える反対側の連結器を使って東京機関区に回送してきたのだろう。私が機関区で502号を見つけた時は、つぶれていたのは下り方向の運転台であった。近づいてこわごわと眺めていると、成田健次郎機関士がやってきて「おい滝口、運転台に上がって見てみようよ」と言うので、一緒に上がった。もううっすらとした記憶なのだが、運転室床に乾いた血痕が広がっていたのだけは覚えている。合掌……。

　このＥＦ65形５０２号機は10月９日には大宮工場に臨時入場、11月23日にはきれいに元通りの姿となって戻ってきた。すごい技術だと思った。

　この事故を教訓として、国鉄当局は機関車の前面強化を打ち出した。更に「ＴＥスイッチ」の設置である。機関士の前面窓下に直径４㎝ほどの赤い〝緊急〟と刻字した丸いスイッチを取り付け、これを押せば、力行回路遮断、非常ブレーキ動作、車両用信号炎管点火、パンタグラフ降下、汽笛吹鳴《すいめい》、散砂《さんさ》などすべての非常停止手配を瞬時に行ってくれる。これを押して反対側の運転台に逃げろというのである。助士側機械室扉前にも「ＴＥ引棒」が設けられ、機関士席前の「ＴＥスイッチ」を押す間がなかったら、助士席後ろの、この引棒を引いて、逃げろというのである。しかし、私の知っている限りでは幸いかな、現職、あるいは退職後の今でもこのスイッチが活用されたという話は聞いていない。むしろ「TEスイッチ」に物を倒して誤動作させたという例は時々聞いた。
あの乾いた血染めの運転室を見て〝怖い仕事だ〟という思いは、引退した今でもなお抜けないのである。

EF65形の運転台。正面窓下、丸いボタン状のものが「TEスイッチ」。とにかく危険を察知したら「これを押して逃げろ」と指示された

〝ヨンサントオ〟でその姿を消した長距離客車普通列車

長距離普通列車が姿を消した〝ヨンサントオ〟ダイヤ改正

鉄道ファンの間で語り継がれている、1968（昭和43）年10月1日に行われた〝ヨンサントオ〟と称されるダイヤ改正は、東北本線の全線電化が完成し、国鉄全線で特急列車が大増発された。その陰で長距離ローカル列車が姿を消した。私の属する東京機関区も例外ではなかった。

最後となった東京発、大阪行き各駅停車

2本あった各駅停車の普通列車が消えた。1本は東京〜大阪間の長距離鈍行列

車、143、144列車である。もう1本は品川～熱海、熱海～東京間のローカル列車835、848列車であった。今で言う旧型客車を機関車が引っ張る列車である。昔は当たり前の列車であったのだが、電車の性能が良くなり、次第に各駅停車列車は電車に置き換えられて、〝ヨンサントオ〟でわずかに残っていた東京機関区の各駅停車列車も、姿を消した。

大阪行き143列車は東京23時30分発、深夜帯ということで新橋、品川、横浜、大船、小田原、熱海、三島、沼津と急行並みの停車駅であった。静岡を過ぎるあたりから各駅に停まっていき、大阪着10時58分と当時の時刻表には載っている。東海道新幹線の名物車掌・坂上靖彦さんが、在来線乗務の頃は143列車は〝泥棒列車〟として有名でスリがいるから気をつけろと言われていたという。深夜、寝入っていた乗客を狙ったのであろう。東京機関区の受け持ちは沼津までであった。

上り144列車は沼津10時48分発、東京13時45分着、東京までのすべての駅に停まった。私は消え去る直前の9月28日に144列車に乗務した。13両編成、1

等車が1両組み込まれていて、重量505トン、東京駅に到着と同時に、もう乗務することもないと思うと、とても寂しい思いを感じたのを思い出す。

EF58形電気機関車が引いた熱海行きローカル列車

一方、熱海往復の835、848列車は同一の502仕業で、835列車は品川始発で7時25分発、熱海着9時41分、通勤通学列車であった。運転時刻表は15秒単位で運転時刻が記入されている。乗客の乗降で手間取ると、15秒くらいはすぐ遅れてしまう。堅い機関士だと「15秒延!」と遅れを喚呼してくる。運転状況報告書に遅れを記入するのは機関助士の仕事。このような機関士と乗り組むと、報告書がすぐ真っ黒になってしまう。おおらかな機関士だと、1分程度遅れても何も言わない。やがて「15秒延!　機関士」は管理者となって転勤していく。

この仕事、出勤時間は6時と早いので、前夜に出勤した。機関助士の仕事は、朝起きると、まず熱海駅の運転事務室に電話を入れて「835の機関士ですがレ

チ弁2本お願いします」と弁当の注文をする。駅員が弁当屋に取り次いでくれるのだ。乗客専務車掌を「カレチ」と言い、元々車掌が注文していたので「レチ弁」と称するようになったのだろう。機関車乗務員はそのおすそ分けをいただいたということだ。

熱海駅で発車を待つ848列車牽引機、EF58形24号機の運転室。1967年の1枚　撮影／石川主計機関士弁当は熱海駅出入りの弁当屋さんが150円という値段で特別に作ってくれた。次に機関区備え付けの魔法瓶を借りて、湯沸かし室でお湯を注ぎ込む。熱海駅が近くなったら茶葉を注ぐ。熱海に到着するとホームの売店に「レチ弁」を取りに行く。この列車、次の来宮《きのみや》駅まで回送となって、来宮の側線に到着。ここで機関車を切り離し、丹那トンネルに一度首を突っ込んで下り本線経由で機関車を反対側に付け替える。入れ換えが終わると機関車内で遅い朝食、早い昼食の時間となる。「レチ弁」の食事が終わると、回送で熱海まで行き、ここから東京行きの各駅停車10時51分発、848列車となった。1日中機関車内で過ごすのだ。今思うと、機関助士の私はまるでピクニックに行くような502仕業であった。

EF58形という今の電車の「直通ブレーキ」から較べれば前近代的な「純自動ブレーキ装置」で各駅に停まるというのは、機関士にとってはどんなに神経を使ったことであろうか。機関士の性格の違いによるブレーキ扱いの妙味を観察できるいい機会でもあったが、惜しいかな私の神経はそこまで達していなかった。

いつもは宮原機関区所属のEF58形が所定なのだが、珍しく同区のEF61形牽引できた144列車。制服はまだ菜っ葉服の時代であった。1967年1月9日、熱海駅で
撮影／石川主計機関士

夜行急行の数々が、すべて寝台特急に格上げされた

〝新幹線岡山開業〟による白紙ダイヤ改正

「白紙ダイヤ改正」と言っても若い読者の人には何のことかわからないだろう。線路の上には1日に膨大な数の列車が動いている。これを紙の上で一目瞭然で見られるのが「列車ダイヤグラム」という図表、通称「列車ダイヤ」である。横軸に距離に応じた駅名を記し、たて軸に時間をとる。

この紙の上にそれぞれの列車の始発時刻を起点にして終着の時刻を線で結ぶ。すると各駅の通過時刻、前にはどんな列車が走っていて、後ろからどんな列車が追いかけているか、どこで何列車とすれ違うか、どこの駅で特急列車に追い越されるのかなど、一目で分かるのだ。この「列車ダイヤ」、新駅開業とか、新車両完成とかがあるとその都度手直しの「ダイヤ改正」があるが、全線電化や新幹線が開

業したというような大きな事象があると、すべていったん白紙に戻し、新たに線を引き直すのである。

これが「白紙ダイヤ改正」である。線は鉛筆で何回も引いたり消したりするので、強い紙のケント紙を用いる。そうしてまず、最初に線を引くのは特急列車だそうだ。

恐らく戦後になってから「白紙」という言葉が使われ出したのであろうが、数年に一度の割合で行われていた。国鉄にはこの「列車ダイヤ」をつくる専門の職種の人がいた。紙の上に鉛筆でスジを書き込むから通称〝スジ屋さん〟。「超」という文字を付けていいような専門性の高い職種であった。

イギリス人のページさんが持ち込んだ「列車ダイヤ」

この「列車ダイヤ」、1874(明治7)年に大阪〜神戸間が開業した際、鉄道局がイギリスから招いたお雇い外国人のウォルター・フィンチ・ページと言う人が持ち込んだ。ページさん、列車時刻を作ると言っては、一人で一室にとじこもる。部屋には誰も入れない。そして列車の行き違い時刻や駅名を正確に言う。超能力！　と感心していたところ、ページさん、ある日机の鍵を忘れていった。そうっと引き出しを開いてみると、現れたのは「列車ダイヤグラム」であったそうだ。

「白紙ダイヤ改正」ですべて特急列車になってしまった

さて、前置きが長くなったが、私が東京機関区の機関助士になって強く印象に残っている「白紙ダイヤ改正」は1972（昭和47）年3月の新幹線岡山開業時である。新幹線が岡山まで延伸されたとはいえ、在来線の東海道本線・山陽本線筋の夜行列車にはまだ需要があった。新幹線が走っていない夜に走り、走り始めた頃に目的地に到着するという需要である。今は、北海道から九州まで全国新幹線網が整備され、どんなに遠くとも朝家を出れば、夕やみ迫る頃には目的地に到達してしまう、夜行列車は需要をなくしてしまった。

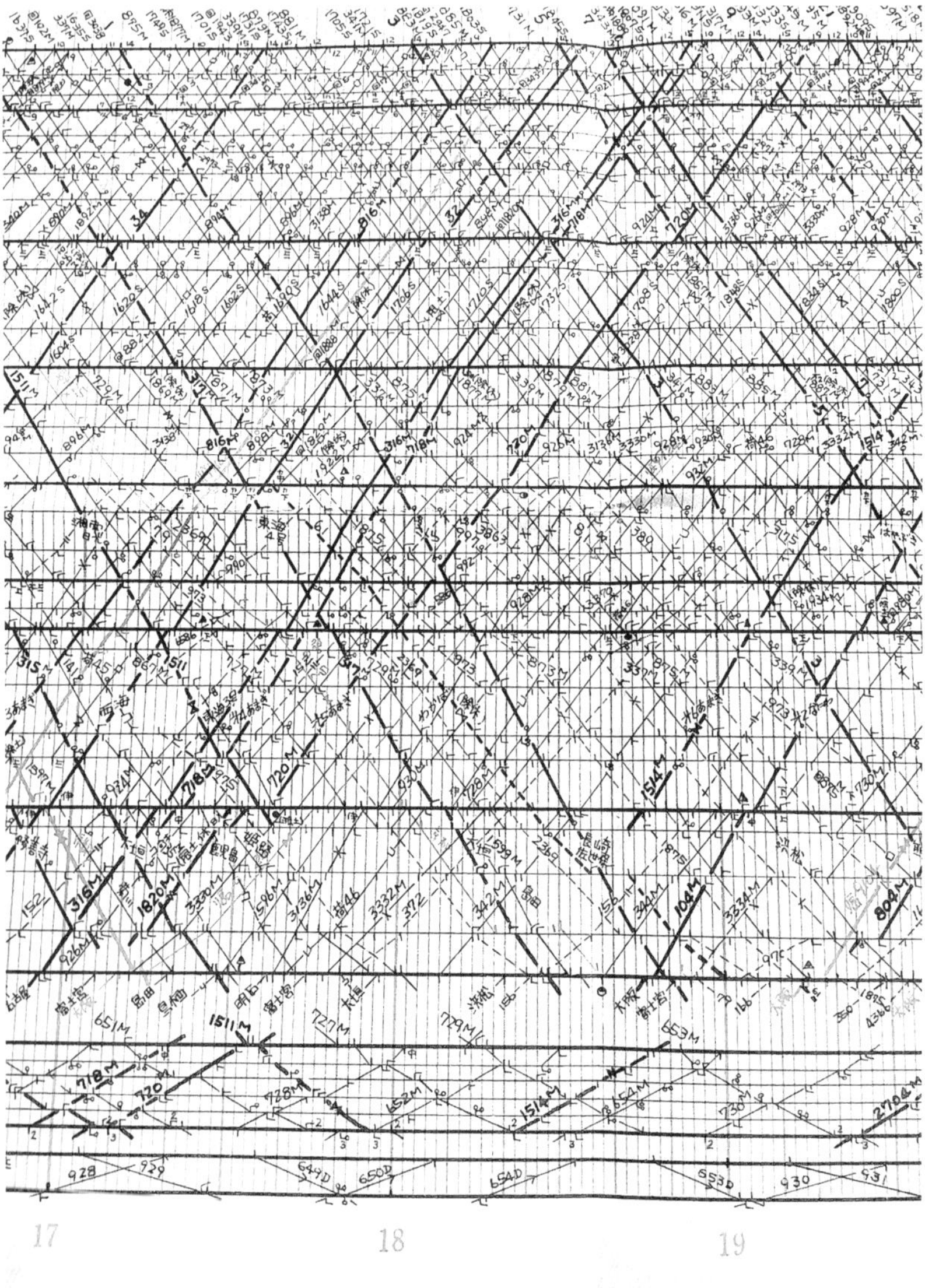

東海道線東京～沼津間の列車ダイヤ。1969年10月1日改正。一番上の太い横線が東京駅。下から9番目の線が沼津駅。一目盛2分の「2分目ダイヤ」。斜めに走る黒く太い実線が特急列車。かなりの過密ダイヤである

当時旧型客車で編成された夜行急行列車「出雲」「安芸」「瀬戸」「紀伊」が格上げされて特急列車になってしまった。固定編成化、いわゆるブルートレイン化である。旧形客車で編成された急行は「銀河」１本。「なんだ！　特急列車ばかりじゃネーか」と居直りたくなった思いであった。旧型客車の〝味〟のある急行列車がいっぺんになくなってしまった。特急列車「さくら」「みずほ」「はやぶさ」「富士」「出雲」「あさかぜ1号」「あさかぜ2号」「あさかぜ3号」「瀬戸」「紀伊・いなば」などなど、最大10本ほどの特急列車が走っていたことがあった。東京機関区最後の〝華〟の時代であった。私はこの〝華〟の中で生きられた。

この特急群、ＥＦ65Ｐ（Ｐ＝Passenger・旅客のこと）形という、一般ＥＦ65形に時速１１０㎞対応のブレーキ装置を加え、青とクリーム色のツートンカラーを施し、５００番台のナンバーをつけた機関車が専門に牽引した。これは私が機関士になってからの話だが、ある日、「撮り鉄」仲間で誘導掛の野口正行君から、「ヘッドマークを取り付けたＥＦ65Ｐを横に並べて写真を撮りたいのだけど……」と耳打ちされた。

EF65P形電気機関車を8両並べてヘッドマークをつけた

野口君あこがれの東京機関区　異動まで4年の月日がかかった

野口君は特急のヘッドマークを取り付けた東京機関区のEF65P形に魅せられて、郷里の新聞社の写真部を辞めて国鉄に入社した。東京機関区への希望は出していたが二つの駅を経て、「鬼の鶴操、地獄のハンプ」と恐れられている新鶴見操車場の連結手にまわされた。貨物列車の組成作業である。操車場のハンプと呼ばれる小高い丘の上で切り離された貨車に飛び乗って、ブレーキをかけ方向別に貨物列車を仕立てる作業である。国鉄の中で一番人身傷害の多い仕事で、飛び乗り損ねて体が貨車の下に入ったら、おしまいである。

事実野口君も仲間の殉職や自身も貨車から転落して負傷している。同じ国鉄に勤める父親が心配して見に来て、「危ないからやめろ」と言われたそうだ。自身も不規則勤務と危険作業で気を使い十二指腸潰瘍《かいよう》になり胃の三分の二を切り取った。病後、日勤で静養しているうち、東京機関区に空きができ、1974(昭和49)年6月に転勤することができた。就職して4年近く経っていた。東京機関区では機関区に入出区する機関車の誘導掛となった。「鬼の鶴操」から較べれば天国のような仕事だった。

〝撮り鉄〟だった野口君の撮影計画が始まる

野口君は就職以来、東京機関区に直近の品川寮を住まいとしていて、同室者は品川電車区の運転士の笹山健次君。笹山君は元東京機関区の機関助士であり、私の後輩であった。「滝口さん、今度野口というのが転勤で行くからよろしくネ」と言われ、同じ〝撮り鉄〟として、親しくなるのに時間はかからなかった。

さて、誘導掛とはこれから仕事に出る機関車を機関車のステップに乗って赤、青の旗を振って機関士に合図し、機関区の出口まで誘導したり、仕事から帰った機関車を次の仕事に備えて所定の位置に止め置く、要するに構内全般の入換作業である。機関士は機関区構内では誘導掛の合図がなければ絶対に機関車を動かせない。だから機関区構内では誘導掛はすご～い〝権力〟を持っている。野口君が仕事に慣れ、人間関係にもなじんできた1年後、当時8本あったヘッドマークをつけた特急牽引機のＥＦ65Ｐ形を東京駅発車順に横に並べて写真で記録し、「後世に残したい」と思い、構内の入換を担当する古金惇宏《としひろ》外勤機関士に話を持ちかけた。古金さんは二つ返事で「ヤローッ」と言ってくれた。これは誘導掛だからこそできることなのだ。

「ヤローッ」と言ってくれたが、普段出区順に数珠《じゅず》つなぎに係留してある機関車をばらして横に並べ替える、こんなことをしていては機関区全体の仕事に差し障る。よしんばこれを行うとしても昼休みの30分程の時間しか許されない。それに機関車もめいっぱい使われていて、昼に帰ってくる2列車「さくら」の機関車を待たねばならない。写真を撮るのは正味15分、入換はモタモタしていられない、助っ人がいる。そこで私に「入換手伝ってくれる?」と耳打ちがあったのだ。もちろん私も写真が撮れる。私も二つ返事で「イイヨーッ」である。

いざ計画を実行すると鉄道ファンからも問い合わせが

だが、私にとっては本来の仕事ではない。ミスは許されないからかなり気を使った。野口君は入念に計画を練ってXデイを決めた。そして当日、上り2列車が定時で上がってくるという情報で決行が決まった。誘導掛の親方はやめろと言ったが決行である。当直助役にはそれとなく知らせておいた。写真を撮っていると、石山精一指導機関士がぶらっとやって来た。今思うと、あれは偵察に来たのではないか、と思うのである。そしてこの様子は機関区横を走る京浜東北線の高架上から眺められる。電車からこれを眺めたイチ鉄道ファンが国鉄本社広報課に「何かイベントをやっているのか」と電話してきたというのである。広報課の問い合わせに東京機関区の当直では適当に返事をしておいてくれたらしい。ファンというのは本当に敏感だ。終わると、他の同僚たちからなんで我々にも写真を撮るために声を掛けてくれなかったんだ、という一部の非難。「アアーもう」、である。古金機関士もいろいろと言われたらしい。以来、90歳超の古金機関士と野口君は今なお熱い友情で結ばれている。

「後世に残す写真」を撮るために力を貸してくれた古金外勤機関士(左)、石山指導機関士(右)
1975年5月31日

左から東京駅発車順に並べたブルートレイン特急牽引機。この頃が廃止された東京機関区の最後の〝華〟であった
1974年5月31日
東京機関区

赤字国鉄の人員整理、機関助士が廃止となり、機関車は1人運転に!?

ELやDLから機関助士が廃止になる

話を昔に戻そう。1965（昭和40）年、私が電気機関助士となるために養成所で学んでいた時である。運転の規則等を定めた「運転取扱心得」が廃止となり、近々「運転取扱基準規程」に改正されることになっていた。だから私たちは改正される「運転取扱基準規程」で運転規則を学んでいた。同期生36名の中には、すでに労働組合運動に首を突っ込んで労働条件などに詳しい者もいた。その同期が言うには廃止となる「運転取扱心得」第33条に「機関士は機関助士と同乗しなければ機関車または動車を運転してはならない」という機関助士の同乗規程があった。つまり新しく改正される「運転取扱基準規程」にはこの条項が削除されていて、これは将来的に国鉄当局が機関助士廃止、機関士1人乗務をもくろんでいるものだ、と解説してくれた。

何はともあれ、私は東京機関区に配属され、1965(昭和40)年9月24日、電気機関助士の発令を受けた。「運転取扱基準規程」は7月15日から施行されている。

そして仕事にも慣れ、人間関係にも慣れ、機関士と機関助士はずっとペアーを組んで仕事をするのである。東京機関区の場合は長ければ3カ月一緒。誰と組むかは「交番発表日」と言って毎月25日に仕事のシフトと共に提示された。だから機関車乗務員の世界は、強固な人間関係に支えられていたと言える。

機関助士の廃止を撤回させるためにストも行った

そんな機関区の伝統的なあり方を一変させる合理化案が国鉄当局より提案された。1967(昭和42)年3月31日「EL(電気機関車)DL(ディーゼル機関車)機関助士8000名廃止」、機関士1人乗務である。養成所時代に同期が解説してくれた機関助士廃止が現実となって現れたのである。

私が国鉄に就職した1964(昭和39)年に東海道新幹線が開業している。新幹線だけではない、これまでに莫大な投資をおこない、動力車の近代化、スピードアップ、過密ダイヤなどなど、このため資金不足による借入金がふくらみ、この年から赤字経営に陥った。この借り入れ金の解消方法として取られたのが、外に対しては毎年の運賃値上げ、内に対しては人減らしの合理化であった。機関助士8000人廃止はその一環であった。私の属する国鉄労働組合も、主に機関車乗務員で組織されている動力車労働組合も直ちに反対を表明した。

EL・DL乗務員は近郊電車区間の電車運転士とは違い、深夜帯にも長距離の運転に従事し、生活リズムは全くの不規則勤務である。労働が静止した場所で行われるものではなく、多くの人命財産を安全に輸送する責任を負わされている。安全に対する一瞬の判断と処置が求められ、いったん事故が起きれば刑事罰、行政罰、社内罰から逃れられない。動力車の近代化によるスピードアップで動力車乗務員は神経をすり減らしている。〝二つの眼より四つの眼である〟と組合は順法闘争、ストなどで抵抗した。一年半の交渉にも解決が立たず、「医学、心理学、人間工学の立場」から検討してもらおうと東京大学・大島正光教授を委員長とする5名の調査委員会を発足させるが、組合側に立ってくれる人ではなかった。綿密な調査もなく6カ月ほどして「1人乗務は安全性に問題なく切替わる時に来ている」という報告書を委員長が一方的に発表。この報告書には委員内部からも異論が出されている。

これを御楯《みたて》に国鉄当局は強引に1人乗務を進めようとするが、組合も上部組織の総評の下に激しく抵抗した。1969(昭和44)年10月31日から11月1日のストの結果、当面100km以上走行する特急列車等に3500名の助士を存続させるということで妥結した。実に2年以上闘いを継続してきたのだ。

12月13日、両組合のストに対して解雇66名を含む4923名に処分が通告された。解雇66名は国鉄史上最大であり、私は処分を逃れたけれど、個人的に敗北感は大きかった。同期9名のうち6名は電車運転士に転換していった。私は母に「もう鉄道辞めて、写真の学校にでも行くよ」と告げると、母はだまってうなずいた。そして、とある芸術学園の写真科に志願書をもらいに行ったのである。しかし、学園は有刺鉄線で囲まれ、中にはシェパードが放たれていた。

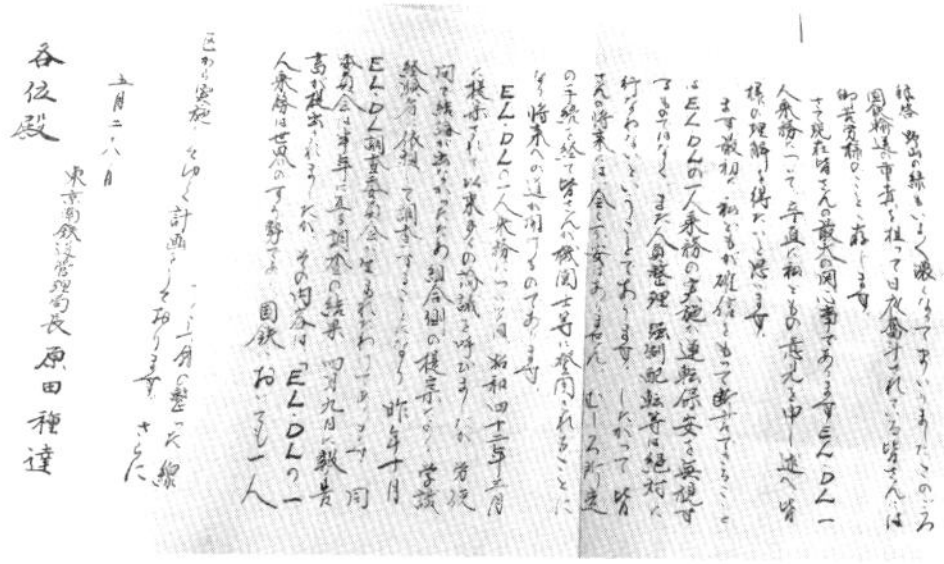

拝啓 野山の緑もようやく濃くなってまいりましたこのごろ国鉄輸送の重責を担って日夜奮斗されている皆さんには御苦労様のことと存じます。

さて現在皆さんの最大の関心事であります EL・DL一人乗務について、率直に私どもの考えを申し述べ皆様の理解を得たいと思います。

まず最初に私どもが確信をもって断言できることは EL・DLの一人乗務の実施が運転保安を無視するものではなく、また人員整理、強制配転等は絶対に行なわないということであります。したがって皆さんの将来には全く不安はありません。むしろ前途の手続を経て皆さんが機関士等に登用されることになり将来への道が開けるのであります。

EL・DLの一人乗務については、昭和四十二年三月に提示されて以来多くの論議を呼びましたが、労使間で結論が出なかったため、組合側の提案で、学識経験者に依頼して調査することとなり、昨年十月EL・DL調査委員会が生まれたわけであります。同委員会は半年に亘る調査の結果、四月九日に報告書が提出されましたが、その内容は「EL・DLの一人乗務は世界のすう勢であり国鉄においても一人[illegible]から実施[illegible]計画[illegible]あります[illegible]

五月二十八日

東京南鉄道管理局長 原田種達

各位殿

機関士1人乗務は安全を無視したものではない、良識ある行動を求む」という東京鉄道管理局長からきた手紙

乗務距離100km以上の特急列車等に機関助士乗務が存続された。「忍者の里」、伊賀上野が郷里だった、ザンバラ髪がトレードマークであった岸田満機関助士。1982年6月16日、東京駅

EB装置に起こされ続けなんとか乗務交代

大雪のニュースが相次ぐも鉄道の情報がない

2020(令和2)年はコロナ禍で明け暮れた。そして年末から翌年年始にかけて、列島日本海側は大雪に見舞われた。テレビ、新聞メディアは大雪の中に数十時間も立往生する高速道路上のトラックの救出劇を伝える。しかし、私の時代は立往生して話題となったのは貨物列車や旅客列車の救出劇であった。そこで大雪と格闘する鉄道員の姿であった。コロナ禍の中で鉄道はもはや消え去ってしまったのであろうか。

機関助士の代わりに登場したEB装置に救われた日

EL、DL機関助士を廃止し、1人乗務とした場合に怖いのは、1人乗務の機関士が運転中に病で倒れたときであろう。脳疾患、心疾患などで意識喪失、心肺停止してしまったらどうなるか。また、深夜帯の運転は睡魔に襲われる。深夜帯の運転だからと自宅で昼寝、といってもそうそう寝られるものではない。その上、体調によっては睡魔に襲われるものだ。1人乗務になってから、貨物列車であったが睡魔に襲われて、乗務交代駅を通過してしまい、次駅で交代した機関士もいた。交代する乗務員はタクシーで次の駅に追いかけた。

国鉄当局は「機関助士廃止」提案をする前から保安装置としてEB(Emergency Brake＝緊急列車停止装置)装置を各機関車に取り付ける工事を行っていた。

機関士が1分間何の運転機器も操作しないと、ブーとブザーが鳴り小さな白色灯が点灯する。ブザーが鳴り、白色灯が点灯したら5秒以内にマスコン投入、ブレーキハンドルの移動、汽笛吹鳴、散砂弁を踏む、リセットレバーに触れるという5つのうちのどれかを行えば、EB装置はリセットされてそのまま運転継続であるが、ほうっておくとさらに5秒後に非常制動をかけて停めてしまうという装置である。

私は97ページに、機関士時代にこの装置で失敗した話を書いた。その一方でEB装置に助けられたこんな事もあった、深夜0時近い出勤の時であった。昼寝はしていたのだが、出勤した時から眠い。眠いから休ませてくれとはいかない。途中停車駅なし全駅通過の貨物列車であった。発車してすぐ睡魔に襲われ出した。ガムを噛んでもダメ、立ち上がって運転していてもガクッと首が折れる。この時EB装置が1分間に1回警報を発してくれて、意識もうろうから一瞬我に返らせてくれていたのである。それを繰り返しながら、乗務交代駅に停めたのである。当時、よく無事に運転できたとゾッとしたものであった。この時EB装置のありがたさを思ったのではあるが、だがEB装置より人間である。こういう体調の時もあるから、二人乗務、機関助士は必要なのだと私は思う。

国鉄当局は機関助士廃止を医学、心理学、人間工学の立場から検討してもらお

う と立ち上げた「調査委員会」の委員長の大島正光東京大学教授に、保安装置の取付工事の進捗具合をそれとなく告げたのではないか。たいした調査も行われず、「1人乗務は安全性に問題なく切替わる時に来ている」と、そそくさと結論を出したのである。象牙《ぞうげ》の塔に住する人の権威なのであろう。この結論は絶対である。

1967(昭和42)年3月31日の国鉄当局の機関助士廃止提案以来、機関助士廃止が東京機関区で実行に移されたのは1970(昭和45)年10月25日のダイヤ改正から。東京機関区は特急旅

東京機関区が大雪でおおわれた日、構内の機関車の入換に出場した正能保外勤機関士　1986年2月19日

客列車、暖房作業の必要な列車を抱えている。労働組合の団体交渉の結果、機関助士が暫定的に多数残された機関区である。機関士のB仕業は往復特急列車、または、片道貨物、片道特急と様々であるが、特急列車や暖房作業の必要な列車の部分だけつまみ食いするようにして機関助士が乗務した。貨物列車は1人乗務となり、機関助士用のC行路というものが設定された。機関士と助士がペアーをくんで仕事をするという事が無くなった。味気ない人間関係となった。

Chapter 4

関東鉄道学園電気機関士科で学ぶ

機関助士廃止により関東鉄道学園電気機関士科に入学

大量の人手を必要とした東海道新幹線の開業

国鉄は「汚い、きつい、危険」の「3K」職場であった。といっても私の就職当時「3K」などという言葉はなかった。高校3年で進路を「国鉄に入るんだ」と同級生に告げた時、「よせよせ、国鉄なんて最低の仕事だぞ」ととがめられた。これが当時の一般的な国鉄の評判であった。給料も安く国鉄は嫌われていた。都会の人間で国鉄に入る者は鉄道高校を別として少なかったのでは……。

1964（昭和39）年、東海道新幹線が開業した。これには大量の人手を必要とした。国鉄はこの時に大量の人員を地方から採用した。このため多くの若者たちが上京してきた。三鷹にあった独身寮は九州や東北、北海道などから180人の若者が集まり、お国訛《なま》りが飛び交ったという。以後、職員募集を行っても応募者少なく、人事課が遠く南西諸島まで人集めに歩いていたと聞いている。日本の西の果て、沖縄県の与那国《よなぐに》島の民宿に泊まった時、民宿のおばさんが「誰誰さんの子は国鉄で電車の運転士をしている」と言っていたし、東京駅で若い荷扱手に声をかけたら「徳之島から来た」という返事であった。首都圏の人手不足を都会に憧れる地方の青年で埋めていたのである。私はこの時、都会から就職した一人であった。

新養成体系の「運転二科制度」

「汚い、きつい、危険」だが、いい人材を集めたい。そこで国鉄本社も考えたのであろう。運転関係に新養成体系として「運転二科」制度を導入してきた。高卒から直接運転関係の職員を採用して、2年間鉄道学園に入れてすべての車種に乗務できるように教育してしまう。そして現場に配属する。「運転二科」だけではない。中卒から採用し、3年間鉄道学園に入る「運転一科」もあった。国鉄当局はこれらの卒園者にエリート意識を持たせ、現場に配属することによって、固くまとまっている労働組合に不団結の種をまこうとしたともいえる。この人たちは現場に配属されると一定期間機関助士の仕事をやると自動的に機関士見習となり、機関士となっていった。我々より後から始まった制度により、後輩が先に機関士となる不条理が生まれたのである。全国の機関区には古参機関助士が沢山いたのである。正直言って、機関助士として一緒に乗務するのは面白くなかった。「運転二科」「運転一科」の中には管理職として転身していった人間も結構いた。「エリート」だったのであろう。

機関助士から電気機関士科に入学

私たち旧制度の者は認定試験を受け、入学順位をつけられ鉄道学園への入学を待たされた。だいたい年齢順ではあったが、管理者に受けのいい人間は、先輩を追い越していく。

さて、なんだかんだあったが私も1972(昭和47)年10月30日、大宮市(現・さいたま市)日進町にあった関東鉄道学園第19回電気機関士科に入学することになった。機関助士廃止で電車運転士へ転身せず最後まで機関士を希望した東京機関区の22名が一緒であった。期間は翌年3月31日までの5カ月間の全寮制。土曜半日授業後帰宅、月曜朝帰園した。関東近県の機関区から合計90名が集められ、人数が多いので2組に分けられ、ひと組45名で私は2組となった。年齢は22歳から30歳まで、私は当時26歳であった。

授業は8時30分から16時50分まで、以後は自由時間。広いグランドでふた組に分けてサッカーをしたり、私は同じクラスの一人が剣道を始めたので、二人で剣道をした。立派な体育館もあって武道場もあり、武具も揃っているのだ。ただし専任の講師がいない。時々現れる「鉄道公安科」の学生などに指導を受けたりした。冬のさなかに朝早く起きて「寒稽古」もした。当時動力車乗務員と鉄道公安官とは犬猿の仲であった。労組が度々行うストライキに鉄道公安官は「弾圧」に来た

からである。だから私は労働組合の活動家である同僚から「公安官と一緒に剣道なんかやりやがってよぅ」と指弾された。

学園の門を出たところに学園が設置した一杯飲み屋があって、よくここで「ミーティング」を行った。鉄道員生活44年の中でこの機関士科5カ月の生活が一番楽しい思い出である。

しかし入園して7日目、死者30名を出す、大事故が発生したのである。

東京機関区の第19回電気機関士科2組の同期生。1974年3月28日、横川機関区添乗見学の際に撮影した1枚

長大トンネルである、北陸トンネル内で列車火災事故が発生

急行「きたぐに」を襲った不運な火災事故

私が国鉄に就職した頃、私の乗務する東海道本線の丹那トンネル7842mは上越線の清水トンネルに次いで2番目の長大トンネルであったが、トンネル掘削技術の進歩により現在は45番目の長さ。青函トンネルの53㎞は驚異的である。

事故はそのひたすら長くなり続ける長大トンネルのひとつ、1962(昭和37)年完成で、日本で2番目の長さにのし上がった北陸本線敦賀〜今庄間の北陸トンネル、1万3870mで発生した。

1972(昭和47)年11月6日、日曜から月曜に日が変わった午前1時9分、大阪発東海道、北陸、信越、羽越、奥羽本線経由青森行、下り501列車急行「き

たぐに」15両編成の食堂車の喫煙室から出火しているのを乗客が発見。乗客は車掌に急報、知らせを受けた車掌は現場に駆け付け、ただちに車掌弁を引き列車を止めると同時に、列車無線で「止まれー、火事だ」と機関士に通報した。しかし、止まった場所が悪かった。トンネルのほぼ中央、5300m地点であった。消火器を向けるも発煙は収まらず、延焼を食い止めるべく客車切り離し作業にとりかかるが、暗闇での作業と慣れぬ作業に時間をとられ、結局食堂車はさらに燃え広がり、有毒ガス、煙に巻かれて791名の乗客乗員中30名が死亡、714名の重軽症者を出した。すべて一酸化炭素中毒である。添乗中の指導機関士が殉職した。結果的に大惨事となってしまった。

同トンネルではその3年前にも上り特急「日本海」が列車火災を起こしたが乗務員の判断でそのまま走り続けてトンネル外に脱出、死傷者を出さずに済んだが、規定に反して停止しなかったと乗務員は処分された。急行「きたぐに」は規定に従って直ちに停止したが、走り抜ければ大惨事を免れたと電気機関士と乗客専務車掌が検察から起訴された。

私であったらどうする？　みぞおちが重苦しい

私がこの事故を知ったのは鉄道学園に入園して最初の土、日に帰宅して、月曜の朝学園に帰園する朝のテレビニュースであったと思う。乗客の火災発見がもう少し遅かったら、より出口に近いか、トンネルを抜けていたと思うのだが、よりによってトンネルの真ん中、まったく運が悪かったとしか言いようがない。もし自分がこんな事故に遭遇したとしたら、うまく処置できるであろうか、と考えると何とも心もとない。

帰園して制服に着替え、教室に入るとみぞおちが重苦しくなったことを覚えている。恐らく最初の授業で講師がこの事故に触れた話をしたと思うが、今、何の記憶もない。私の乗務線区では長い丹那トンネルを抱えている。160余名が亡くなった三河島事故以来、何か異常があったら列車をすぐ止めるが鉄則であった。急行「きたぐに」の車掌も機関士も、その鉄則に従ったのだ。

国鉄ではこの事故後、トンネル内で列車火災に遭遇した時、ただちに停止か、

丹那トンネル来宮口入り口。1960年6月8日、修学旅行電車「ひので」より撮影。長距離電車には運転助士が乗っていた。トンネル上下本線から分岐する側線は、現在廃止された

トンネル外に脱出を図ったほうがいいか、実際に廃車となった客車に火を放ち、トンネル内をくぐらせる実験も行っている。その結果、できるだけ脱出を計れということになった。そして様々な改善措置がとられた。丹那トンネルを例にとれば、運転不能で停止せざるを得ない時は、トンネル内支障報知装置のボタンを押して、両側のトンネル入り口に設置した発光信号機を点灯させて、他の列車のトンネル内進入を防ぐ保安装置が作られた。信号機が見づらいということで常時消灯していたトンネル内の照明が、常時点灯にかわった。消火器が増備され置き場所が明示された。トンネル内の沿線電話機も使いやすいよう改善された。自らの身を引き締めさせるような事故の発生であった。

EF65形電気機関車で行う学習は楽しかった

入園した直後にきつい刃を突き付けられたような感じではあったが、学園での学習は楽しかった。機関車の学習はEF65形となった。シリコン・サイリスタ制御＝半導体制御が導入され、ノッチは自動的に進段するようになった。ノッチを投入すると電流はどう流れ進段していくか、図面を見ながら1ノッチずつたどっていくのである。また、ブレーキハンドルを動かすと、圧縮空気配管をつなぎ替え、機関車の真ん中に設置されているブレーキ制御弁がどう作用するか、こんな複雑な機械をよくも作ったものだ、説明してくれる祓川《はらいかわ》講師講師は「良くこしゃってある」が口癖で、だから祓川講師には〝こしゃってある〟というあだ名がついた。

〝こしゃってある〟の祓川講師が作製した機関車ブレーキ構造の解説書「虎の巻」。みなさーん、見・た・く・な・り・ま・せ・ん・か・？

迫る66・7パーミル　その急坂を登るEF63形に乗った

明治から平成へ国鉄内労働組合の盛衰

１８９８（明治31）年、かつての東北本線が「日本鉄道」という私鉄であった頃、機関士たちが秘かに連絡を取り合い待遇改善を求めて、上野から青森までの列車を停めたことがあった。これを機縁にキリスト教社会主義者の機関士たちによって「日本矯正会《きょうせい》」という〝労働組合〟が結成されるのであるが、１９０１（明治34）年に明治天皇のお召列車を遅らせた、という口実で壊滅させられる。以後、組織は作っては潰され の繰り返しであった。

それが花開くのは１９４５（昭和20）年、戦後のアメリカ占領軍の「日本の民主化には労働組合が必要」という施策のもとであった。しかし、組織が力をつけると抑圧の雨が降り注ぐ。1949（昭和24）年アメリカ占領下に国鉄で起きた「下山、三鷹、松川」事件という三怪事件。そして、1987（昭和62）年の「国鉄分割民営化」しかり。これによって国鉄内の労働組合は分断され、「JR」になって労働運動は無くなってしまった。「国鉄分割民営化」は労組つぶしと言われるゆえんである。そして、日本総体としての労働運動も無くなってしまった。ストライキという言葉そのものが死語となった。

私が関東鉄道学園の電気機関士科に入園した時は、労働組合が相応の力を持っている時であった。わが第19回電気機関士科2組45名の中には、職場の組合役員も多数いた。教室内も労働運動の範疇《はんちゅう》であった。だから技術系の授業はいざ知らず、国鉄当局の意向が反映されるような「運転事故防止」というような授業は講師との間で、かなりの議論が交わされる。結局「運転事故防止」の授業は講師が反動的だから、試験の答案は「白紙」で出そうということになった。

皆でやれば怖くないであるが、中には「そんなことして退学にでもなったらどうする」と動揺する仲間も出てくる。「だから皆でやるんだ」と言って説得した。

結局、1、2組通して数名が書いて提出したが、彼らは後に管理者になっていった。

横川～軽井沢間で急勾配区間の添乗見学

さて、1973(昭和48)年3月末、関東鉄道学園の最後の実習は群馬県の横川機関区を訪れて、信越本線横川～軽井沢間碓氷《うすい》峠、11・2㎞を粘着力で66・7パーミルの勾配を上下するEF63形への添乗見学である。1893(明治26)年の開業時から1963(昭和38)年までこの区間は単線アプト式区間であったが、輸送力増強のため勾配を25パーミルにとどめた複線別線を造るか、それとも66・7パーミルを粘着式で登る機関車の開発か、と議論された。機関車の開発の方が経費半分で済む。そこでEF63形の開発となった。すべての列車は単独では上下できない。横川から軽井沢・長野方面行き下り列車は横川駅でEF63形重連を後部に連結して、協調運転で勾配を押し上げていく。軽井沢から横川・高崎方面行きの上り列車は逆に軽井沢駅で列車の先頭にEF63形重連を連結して、機関車と電車のモーターを発電機とし、そこから得られる発電量を抑速力として勾配を下っていく。つまり、機関車はブレーキの役目を果たす。

最前頭から見下ろす66・7パーミルの坂

さて、狭い運転室に多人数は乗れない。そこで5人ずつ位に分かれて1往復した。私が経験したのは上下列車とも特急電車の運転であった。

下り電車の最後部にEF63形重連を連結。この時、EF63形の運転席は上野寄りにあることになる。最前頭の特急の運転台にいる電車運転士が、乗降扉がすべて閉まったことを確認して「本線出発進行！　発車」と電話機で喚呼してくる。最前部にいる特急電車の運転士が行うのは、信号喚呼だけ。それに従ってEF63形の機関士は逆転機を後進位置に取りノッチを進め電車を押し上げていく。機関士からすればバック運転である。機関車のノッチと共に電車のノッチも自動的に入る。制限速度は時速65㎞。軽井沢駅停車ブレーキも最後部のEF63形の機関士が、横窓から首を出し後ろ向きで行い、電車の最後部をホームの停止目標にあわせる。

逆に軽井沢で最前頭に連結したEF63形重連の上り電車は、乗降扉がすべて閉まったことを確認した電車運転士から電話で「発車!」と喚呼があると、これに応答して機関士は信号を確認し起動ノッチを進めていく。すぐ下り勾配にかかるからオフ。以後は逆転ハンドルを「抑速位置」に移し、ノッチ投入。発電ブレーキで下りていく。協調運転で電車にも抑速ブレーキがかかる。制限速度は時速35㎞。下り勾配は緊張の連続である。66・7パーミルで抑速ノッチを進めるとググッとブレーキが効いてくる。前頭運転室から見る下り勾配は凄い。私はこの時点で東海道10・0パーミルしか経験していないので、「ウワーッ、こんな坂を上下するのか!」という思いであった。

1997(平成9)年、信越本線横川〜軽井沢間廃止。

長野行新幹線(現・北陸新幹線)開通によりこんな「技」が消え去ってしまったの

が寂しい。

学園生活の最後に、碓氷峠のEF63形重連の添乗見学に行った。労働組合運動の激しいころで、機関車にスローガンが石灰書きされている
1973年3月28日

Chapter 5

いよいよ電気機関士見習に

東京機関区で機関士見習としての教育が始まる

第19回電気機関士科修了電気機関士科の講義が終わった

1973(昭和48)年3月31日、5カ月余に渡った関東鉄道学園での電気機関士科の課程を修了した。試験に白紙答案を出したが落伍《らくご》者なし。しかし、前日開かれた判定会議では「今回の入所者で機関士としての知識、技能を身につけたものは一人もいない」とある講師が発言したそうだ。

講堂で大きな日の丸が掲げられて終了式が行われたが、「君が代斉唱」ではどこからも歌声は聞こえてこなかった。学園長の訓示もあった。昼前、長い学園生活に別れを告げて、それぞれが自宅に戻った。まったく男だけの世界、学園脇に学園が黙認した一杯飲み屋があったが、教室と5人一部屋の寮と、この飲み屋だけを行き来した日々であった。土日に寮生活から開放されて〝娑婆《しゃば》〟に出ていくと、世の中が新鮮に見えたことを思い出す。

東京機関区で機関士見習の辞令を受けた

4月2日、所属の東京機関区に出勤した。4月9日「電気機関士見習を命ずる」という辞令が出た。合計22名の電気機関士見習の辞令が出たが、いちどきにこんなに沢山乗務見習はできない。そこで11名ずつ2、3カ月交代でハンドルを握った。ハンドルを握らない時は機関助士の兼務。普通、学園を出ると6カ月ほどで一本の機関士になるが、数カ月おきの見習い乗務のため、私たちは1年余かかった。だからお師匠さんも5人替わった。私は古参助士に近かったから、「門前の小僧習わぬ経を読む」ではないが、だいたい運転の仕方は覚えてしまっていたので、お師匠さんにあまりうるさく言われた記憶がない。やはり機関助士制度は必要だ。

東京機関区は定時運転に厳格だった

東京機関区は旅客の優等列車を受け持っている。貨物の機関区と違って定時運転に厳格であった。それぞれのお師匠さんがそれぞれのデータを持っていて教えてくれた。この信号機で速度○○なら、今度の駅を通過するのに△分××秒かかるという具合にである。機関車列車の採時時期は、発車の場合は発車合図のあった時、通過の場合は駅ホームの運転事務室を機関車が通過したとき、または定められた信号機を通過したとき、停車の場合は停まったときである。

私が機関助士の時に終着となる東京駅着が10時の特急列車があった。成田健次郎機関士はひとつ前の新橋駅を通過すると、おもむろに乗務カバンからラジオを取り出してスイッチを入れる。ラジオの10時の時報と同時に東京駅に停めようというのである。秒針がピッタリ時報と合って停まると、私の顔を見てニタッとした。〝キザーッ〟と言う人もいたが、私は面白いことをする人だ、と思った。私も機関士になってから、終着東京駅だけは秒針も併せてピターッと定時に停められるように随分〝研究〟した。ラジオこそ出さなかったが……。

引き続き機関区での教育が始まった

6月25日から3週間の予定で庫教が始まった。庫教とは機関区内での教育である。始めは机上。学園で受けたのは運転規程の本則。その下に各管理局ごとの細則がある。東京機関区は静岡管内にも乗り入れていて、静岡の細則も頭に入れなければならない。その他東京機関区の内規等々。

これが終わると別名〝宝探し〟という名の「出区点検」。前照灯が点かなかったり、コックが閉じになっていたり、台車の上に小石が置かれていたり、砂箱の砂がなかったり等々、10カ所の仮設を見つけるのである。

次が応急処置。電気機関車には1500ボルトの架線電圧がかかっている。これを制御するのに100ボルトの低圧を発生させ、高圧機器を低圧の継電器で制御する。継電器でモーターを直列から並列につなぎ替え、あるいは抵抗器を抜いて速度制御を行っている。低圧回路に故意に接触不良箇所を作り正常に動作しないよう細工しているのだ。この不良個所を見つけ修復するのだ。１人乗務前提ですべて一人で行う。処置のための細かい手順があって、一つでも落とすと減点される。

最後はバック運転で連結の練習。線路に機関車の連結器が当たるとバシャと赤い札が落ちる器具を用いる。仮想の客車の連結器といえる。私たちの仲間が連結位置に立ち誘導する。青旗を振り１ｍ手前で赤旗を出して一旦停止。後はそろそろと行って赤旗を出され、器具に当たったら連結完了。

機関区構内でのこれらの教育訓練を経て、いよいよ本線に出て機関士見習としてハンドルを握ることになる。緊張の日々が待っている。

上り列車は寝台特急「出雲」の乗務だった

往路は下り貨物列車復路は上り旅客列車だった

1973（昭和48）年8月22日、機関士見習として初めてハンドルを握った。B34仕業、沼津まで貨物で行って、帰りは寝台特急「出雲」で帰ってくる仕事だ。

EF65形123号機で出区して、品川〜汐留間単機976レ、汐留〜沼津間貨物79レ、帰りはEF65形529号機で2002レ特急「出雲」。東京〜品川間回送2002レで品川に戻って終わり。初乗務は運転席に座っても足が地についていないようなフワフワした気分である。教導機関士の恩田吉光さんは家の建前とかで年休。その代わり同じベテランの正能保さんが乗った。貨物列車には合理化によって機関助士は乗らない。

東京機関区は旅客列車専門の機関区であったが、列車が次々と電車に置き換えられて、私が助士見習として東京機関区に配属されるちょっと前の1962(昭和37)年頃から貨物列車も受け持つようになっていた。

貨物列車と旅客列車では運転方法が違う。今の貨物列車はボギー貨車の〝コキ〟が主流であるが、私が機関士見習になった時は、まだまだ2軸貨車が主流であった。この2軸貨車が50両もつながっていて、連結器が圧縮状態にあると遊間10㎝として、最初の1ノッチで最後部まで引張力が伝わるのに5mほど動かなければならない。ガチャンガチャンと音を立てて引張力が最後部まで伝わっていく。だから貨物列車は1ノッチで5m以上動いてからノッチを進めなさいとなっていた。衝撃を防ぐためである。これに対して、私が機関士見習になった頃、旅客列車はすべて固定編成客車。連結器は密着式となり、衝動もほとんどない。1ノッチで1m動けばいいとなった。でも私はなるべく1m以上動かしてからノッチを進めるようにしていた。東京発車の時など見送りに来た人に、ゆっくり見送りをというサービス精神からだ。なんてちょっと格好良すぎるかな?

更にはブレーキ扱いが異なる。貨物列車の停止ブレーキは目標をじっと見据えて、少しずつブレーキをかけ目標に掛け止めだ。これに対して旅客列車は〝階段緩め〟というブレーキ操作だ。目標に近づいたら、少しずつブレーキを緩めていき停止する際には客車のブレーキは緩んだ状態、機関車にわずかなブレーキがかかった状態で停めるのが理想的なブレーキ扱いだ。乗客にほとんど衝動を感じさせないブレーキ扱いと言える。なかなかこんなブレーキ扱いはうまく行くものではない。その日の体調にもよる。特に上りも下りも横浜駅。ホームに高速で突っ込んでいく。ホームにいる乗客の顔など見られたものではない。みんな横窓の脇を吹っ飛んでいく。しかし、ベテランになると女の子の顔が見られるようになるという。これが一人前に成った証という。

特急2分遅れ、教導機関士の〝喝〟が飛んできた

さて、私の初ハンドル。上り2002列車特急「出雲」は沼津で待っていると、2分遅れでやってきた。ここからは機関助士が同乗して二人乗務となる。教導機

関士を含めれば三人乗務。

沼津機関区の乗務員が「異常なし」と降りて敬礼していく。こちらも「ご苦労様でした」と敬礼を返す。そそくさと運転室に乗り込み、一通りスイッチ類を点検し、懐中時計を所定の位置に置き、落ち着いたところで私が「本線出発進行」と信号喚呼。助士も「本線出発進行」と応答する。やがて出発信号機に付属している発車合図器のブザーが鳴り白色灯が点灯する。

「発車」と私。助士も「発車」と応答。続いて助士が「出発」と信号の再確認を機関士に促す。私は「進行」と応答する。そして1ノッチ投入。ホームは助士側である。横窓から首を出して後部を見ていた助士が「後部異常なし」と喚呼してくる。ここで私は時計を見て「後部異常なし、2分延」と応答する。

２００２列車は現車12両、換算32・5（＝３２５）トンと軽い列車である。東京までの間、充分2分の遅れなど回復してしまう。だが私にとっては初めての特急運転。心に焦りが生まれたのであろう。ガチャガチャと沼津～三島間10パーミルの上り勾配、黄瀬川《きせがわ》橋梁近くでせわしなくノッチを進める私に、正能機関士から〝喝〟が飛んできた。「そんなに焦るな！」と……。50年近くたった今でも、正能機関士の声と、黄瀬川橋梁がまざまざと頭に蘇ってくるのだ。

初めてハンドルを握った特急「出雲」のEF65形529号機は、駅新入社員の訓練用に運転室が切断されて、JR貨物大井機関区脇に姿をとどめていた。寂しかった
2002年11月6日

私が初めてハンドルを握った特急「出雲」。赤地に白い雲のヘッドマークが鮮やかだった。下り東京発18時20分。上り東京着7時
1978年5月21日、田町駅

戦後EF58形が誕生しEF65形へと受け継がれた東海道本線の機関車

昭和24年に誕生した「へいわ」で特急が復活

1945(昭和20)年の敗戦後から4年経った1949(昭和24)年9月15日、まだ米軍を主とした日本占領下であったが戦中に姿を消していた特急が復活した。特急「へいわ」、東京〜大阪間9時間運転であった。3カ月後の1950(昭和25)年1月1日に「つばめ」と改称し、5月10日には姉妹列車として「はと」も誕生する。同年10月1日のダイヤ改正で両列車とも8時間運転となった。「つばめ」「はと」も当初EF57形電気機関車が牽引していた。国鉄全線、東海道本線だけに2本走る定期特急列車であった。

すでに戦後初の新形式機関車EF58形電気機関車が1946(昭和21)年10月に

誕生していたが、粗雑設計、戦後の資材不足、工作精度不良で信頼性がなく、新製配属されても数カ月も動くことがないものもあった。動かせば避雷針がなく落雷で乗務員が負傷し、機械室からは出火したり、そんなことから乗務員の乗務拒否闘争が行われ、設計変更、改良を加えられ蒸気暖房装置を備えたＥＦ58形の流線形車体が１９５２(昭和27)年３月18日に落成し、以降信頼性も回復し特急列車は徐々にＥＦ58形牽引に置き替わっていった。

１９５６(昭和31)年11月19日東海道本線全線電化により、特急は全線ＥＦ58形牽引となり7時間30分運転となった。１９６０(昭和35)年5月31日の「つばめ」「はと」の廃止まではもちろん、ＥＦ58形は新設された九州特急、急行列車の先頭にも立った。こんな列車の始発駅の乗務員運用と〝華形〟機関車の検修を担っていたのが東京機関区であった。国鉄に就職し東京機関区に配属されたい、という人が多くいたと聞く。

助士として乗務した昭和40年にEF65形が登場

私が助士見習として東京機関区に配属される前々年の1963(昭和38)年、九州特急15両化によりEF58形では単機牽引で山陽本線上り瀬野〜八本松間に10㎞ほど続く〝セノハチ〟峠22・6パーミルを越えられないためEF60形500番代が担当していたが、高速域の弱め界磁使用でフラッシュオーバーを起こすので、私が一本の助士になった1965(昭和40)年にはEF65形500番代＝P形に替わった。やがてくる最高速度時速110㎞に対応する装置を兼ね備えていた。機関車には高速域で機関車に強くブレーキのかかる増圧装置。客車をジャンパー連結器で結び、機関車がブレーキをかけると客車に備わった電磁弁が一斉に動作して瞬時にブレーキをかける電磁ブレーキ機構などである。また、EF60形500番代と同じようにクリームと青のスピード感あるツートンカラーに塗色され一般形と区別された。P形合計25両。うち8両はEF65形一般形からの改造であった。

機関士になると分かるノッチの加減

特急列車が復活すると、国鉄当局から選ばれて特急列車だけにしか乗務しない「特急組」交番というのができた。寝台特急「あさかぜ」「さくら」など九州特急が増えると「特急組」以外の人には乗務する列車がなくなった。また誰でも特急は運転できるという事で、私が配属される3年前の1961(昭和36)年に「特急組」は廃止されていた。そのためかどうか知らないが私は助士見習の時から特急列車に乗ることができた。忘れられないのは、EF60形500番代牽引の1・2列車「さくら」に助士見習で3回乗務したことだ。その3回の後、ダイヤ改正があり、1・2列車「さくら」は静岡運転所持ちに替わってしまった。なんでも東京機関区はいつもスト拠点に指定されるので、1・2列車を持たせることを国鉄当局が嫌ったという話である。以後、1・2列車は東京機関区に帰ってくることはなかった。列車番号1・2は、それが走る線区の代表的列車なのである。

初めて特急のハンドルを握ったことを記したが、列車というのはなるべく自然に動かすようにするのである。我々には〝転がし屋〟という自嘲的な呼び名があるが、駅通過の時間が遅れそうだからといってノッチを使ったり、制限速度のある曲線だからブレーキを使うというのではなく、もちろんそういうことはあるけれど、駅を定時に通過するにはこの速度ならばあと何分何十秒かかるとかを頭に入れてノッチオフしたり、曲線制限速度は走行抵抗などで自然に速度が落ちてくるのを頭に入れてノッチオフするのである。不思議なもので機関士になると、この速度なら定時に駅を通過できると自然と判るようになった。体がコンピューターのようになったと感じたのだ。

いよいよ電気機関士登用実務試験を受験！

電気機関士になるために最後の試験が始まる

1973(昭和48)年当時、電気機関士見習は見習実乗務日数が60日以上経過すれば電気機関士登用実務試験を受けられた。私は60日をだいぶオーバーしたが、9カ月目の翌年の5月9～10日、電気機関士登用実務試験を受けることになった。

試験科目はまず筆記試験。❶運転法規、❷機関車の構造等の技術の2科目。次が実技試験。❶出区点検、❷応急処置、❸車両連結、❹運転操縦の4科目。1科目60点以上で平均点70点以上でなければ不合格。不合格者は受験後15日以上経過しなければ再び受験資格は得られない。

登用実務試験の核心は運転操縦である。本線の営業列車を使って運転操縦を行い採点されるのだ。使用機関車はEF58形。昔は各駅停車の列車を使って試験を行ったが、東海道本線を走る各駅停車はみんな電車化されてしまい走っていない。私の時は汐留始発着の荷物列車、下り荷31列車と上り荷38列車を使って行われた。いずれも東京機関区の日勤の1仕業。最初の受験者は荷31列車の品川~小田原間を担当し、2番目は小田原~沼津間。沼津で沼津機関区の乗務員と乗継交代。3番目は荷38列車沼津~小田原間、4番目は小田原~品川間の運転操縦で採点される。1日に受験するのは4人のみ。これらの列車の途中停車駅は大船、小田原、熱海。それぞれの受験者は2回だけの停車ブレーキが採点対象となる。私は上りの荷38列車沼津~小田原間が割り当てられた。途中停車駅は熱海。これらの列車が遅れてくると、試験は即中止。定時で運転できる時のみ試験が行われる。

技量審査は上り荷物列車沼津~小田原間だった

さて私である。沼津駅上り本線、荷38列車停止目標付近で、14時36分30秒着の試験列車を待つ。その前に試験官の須郷治三郎指導機関士の前で直立不動の姿勢で敬礼し「東京機関区電気機関士見習、滝口忠雄、運転の技量審査に参りました」と申告する。すると二言三言注意事項があって、列車が到着すると私と須郷試験官、それに2名の試験官補助の指導機関士の4人で機関車に乗り込む。本番の機関士、助士は後ろの運転台に行って楽をする。運転席に座るとすぐ速度計の上に物を置いて隠される。速度計が故障したことを想定するのだ。そして、1人乗務が前提である。私が大きな声で信号喚呼、制限速度の喚呼をしようが、3人はひたすら黙り通して採点表にチェックを入れていく。

採点は持ち点100からの減点法である。めぼしい減点項目を列挙しよう。実に細かいのだ。

運転操縦試験おもな減点項目一覧

●**運転時分(到着時刻、通過時刻)**：±10秒は減点無し。早遅1秒につき3点。

●**ノッチ扱い**：起動及び加速時のノッチ扱い不適当2点。ノッチオフ、インの不適当2点。ノッチ飛びを行ったとき3点。二度締めを怠った時5点。ノッチ残しを行った時10点。ブレーキ使用のまま力行した時10点。逆ノッチを使用した時10点。高速度遮断器を動作させた時10点。空転を起した時大10点以内、小2点。その他不適当と認めた時10点以内。

●**ブレーキ扱い**：常用ブレーキ初減圧0・4kg／㎠以下の時5点。減圧量累計1・4kg／㎠以上の時5点。初減圧0・6kg／㎠を超えた時2点。初減圧の時期不適当10点以内。常用ブレーキのところ誤って非常ブレーキを使用した時10点以内。ATS警報で誤って非常ブレーキ作用した時8点。EB装置警報の取り扱いを誤り非常ブレーキ作用した時8点。階段緩め後ブレーキをかけた時5

沼津駅に到着した試験列車の荷38レ。1974年5月9日、画面手前で試験官に「東京機関区電気機関士見習、滝口忠雄、運転の技量審査に参りました」と申告した
1984年1月22日

運転技能審査に受かると、一人でハンドルを握るようになる。EF58形運転室
1984年5月2日

EF 58 157

点。階段緩めをしない時3点。停止した時、機関車のブレーキシリンダー圧力1kg／cm²以上の時5点。自弁によるべきところ単弁を使用した時5点。滑走させた時10点。

●**停止位置**：±2m減点無し。1m超過につき5点、1m不足につき3点。

●**運転速度**：制限カ所及び徐行カ所の速度超過1km／hにつき10点。

●**速度観測**：(「速度観測！」と試験官から声がかかったら速度何km／hと答える。試験官は隠してある速度計を覗いて実際の速度との誤差を見る)誤差1km／hにつき5点。

●**信号喚呼**：しなかった時100点。

まだまだあるのだが、読者には何だか判らないものもあるだろう。減点が40点以上あると、1科目60点以下が発生するので不合格、再試験となる。信号喚呼は一つ落とすと100点減点で一発で試験終わり。信号は一番重要なのだ。

減点に気を付けつつ運転操縦の試験が続く！

時間、停車位置、速度、信号この4つが減点の留意事項だ

運転操縦の試験には細かい減点項目があるが、次の4項目さえ押さえておけば何とかなるものだ。

運転時分

駅停車、通過時刻は指定されている時間±10秒以内なら減点無しであるが、それを1秒越えると1秒につき3点の減点。この減点は大きい。だから見習い期間中に定時に停車又は通過できるように自分なりのデータをノートに取っておくのだ。

停車ブレーキ

これは最近の話だが、某地下鉄の運転士であった友人によると、ホームドアが設置されてからというもの停止位置が30㎝ずれただけでも修正しなければならない。各駅ピタッと停止位置を合わせるなんて、そううまくいくものではない。しかし、方法はあって、ノッチを入れて速度を上げてオフしたらすかさず「ATO（自動列車運転装置）」のボタンを押す。するとピタッと自動的に停止位置を合わせてくれる。デジタルの技術である。でも、こればかりで停めていると、アナログ＝手動で停められる勘がなくなってしまう。だから1乗務1時間はアナログで停めなさいとなっているという。運転操縦試験はもちろんアナログでやる。

さて私は全くのアナログの世界。その日の体調、雨か晴れかの天候、列車の長さ、重さ、ブレーキの効き具合、そんな条件によって、ブレーキ操作は左右される。ホームの線路わきに立っている0、15、12……と記された停止目標がある。

自分の列車が12両編成であったら、12が停止目標である。この目標の±2mなら減点無しである。現在の地下鉄のように30㎝以内なんてまぐれだ。停車ブレーキで駅に停車すると、試験官補助の指導機関士がすかさず巻尺を持って測定に降りていく。私の停車駅は熱海に小田原、これは失敗した！という思いがないから何とかクリアーしたのだろう。

速度観測と制限速度

試験官から「速度観測！」と声がかかったら、横窓を飛んでいく風景を見ながら「○○キロ」と答える。だいたい±2キロぐらいの範囲で当たるものだ。曲線や分岐器の制限速度はオーバーすると時速1キロにつき10点と減点が大きいから、制限速度はなるべく低めに通過するように心がける。

信号喚呼

信号喚呼は一つ落とすと100点減点。運転に夢中だから、落としても気が付かない。運転中はただ信号を見ているだけではない。時計と運転時刻表と計器を眺め、時刻が気になって頭の中はいっぱいである。だから信号喚呼もふと落としたりする。それは試験官だけが知っている。信号喚呼は最大の要注意事項である。

試験から18日合否の知らせは突然だった

さて、機関士登用試験の18日後、1974(昭和49)年5月28日、日勤1仕業で朝7時39分に出勤すると木内指導助役が呼ぶ。何かと思うと「合格しているから」と告げられた。こういう情報はあっという間に乗務員間に広まってしまう。この日の1仕業、上り荷38列車は品川駅を60分ほど遅れて終着汐留駅をめざして汐留線に入った。東京機関区前を通過すると、品川札《ふだ》ノ《の》辻《つじ》群線から回送9列車「あさかぜ」が発車してきて、東海道下り本線と新幹線上下線の3線を隔てて私の荷38列車と並走するような形となった。すると本来業務上でのみに使うことになっている乗務員無線機が何か言い出した。乗務員無線機は列車同士でも通話可能である。ただし、上りか下り、ダイヤルを同じにする。無線に郡司篤教導機関士が答えている。私は郡司さんに「何んて言ってきたの？」と問うと、「滝口君おめでとうと言ってきたから、ありがとうございますと代わって応えておいたよ」と言う。回送9列車の機関士は誰だかわからない。向こうからは機関士席の私が分かる。「君づけ」だから多分先輩だろう。仕事を終えた帰りがけ、東京駅警戒に出ていた秋葉勇指導機関士とすれ違った。すると「おめでとう」の言葉が返ってきた。

何とも嬉しい1日であった。

東海道本線原駅付近上り6列車「はやぶさ」を運転するまだ菜っ葉服時代の石川主計機関士。「俺、最近ニコン買ったんだ」と言って持ってきた、石川さんのカメラで撮影。よく写真の話をした
1967年1月6日

機関士としてはじめての乗務は、「はやぶさ」

国鉄時代運転免許証はなかった

指導助役に耳元で「合格しているから」とささやかれただけでは一本の電気機関士としてハンドルは握れない。正式には機関区長名で発行される小さな紙片（横18㎝×縦12㎝）の〝発令通知〟が必要である。

そこには「東京機関区電気機関士見習滝口忠雄　東京機関区電気機関士を命ずる」と記してあって、その下に給料額が明示してあり、更に日付が記してあるだけである。終了点呼時、ボソッと当直助役から渡されるのである。国鉄は国家そのものである。運転免許証はない。この紙片ですべて動くのである。

今、かつての国鉄は〝私〟企業、つまりＪＲとなり、私鉄などと同じように国土交通省から「動力車操縦者運転免許証」が交付されないと一人で運転できない。免許証が届いて初めて一人で運転ということになる。私が国鉄分割民営化で日本貨物鉄道(JR貨物)の社員になると、しばらくして「動力車操縦者免許証」が届けられた。そのしばらくの間〝無免許運転〟であったことになるのかもしれない。JR貨物では免許証は個人で持っていると紛失するというので、コピーをくれて、すべて指導の預かりとなった。私が本物の免許証を手にしたのは摩訶不思議、退職してからであった。

さて、私の発令通知は1974(昭和49)年6月15日付。翌16日から一本乗務となった。B9仕業、静岡まで下り101列車急行「銀河1号・紀伊」、上り4列車特急「はやぶさ」。上下とも暫定的に機関助士乗務の仕業であった。また慣例により機関士に発令されて最初の仕事には指導機関士が

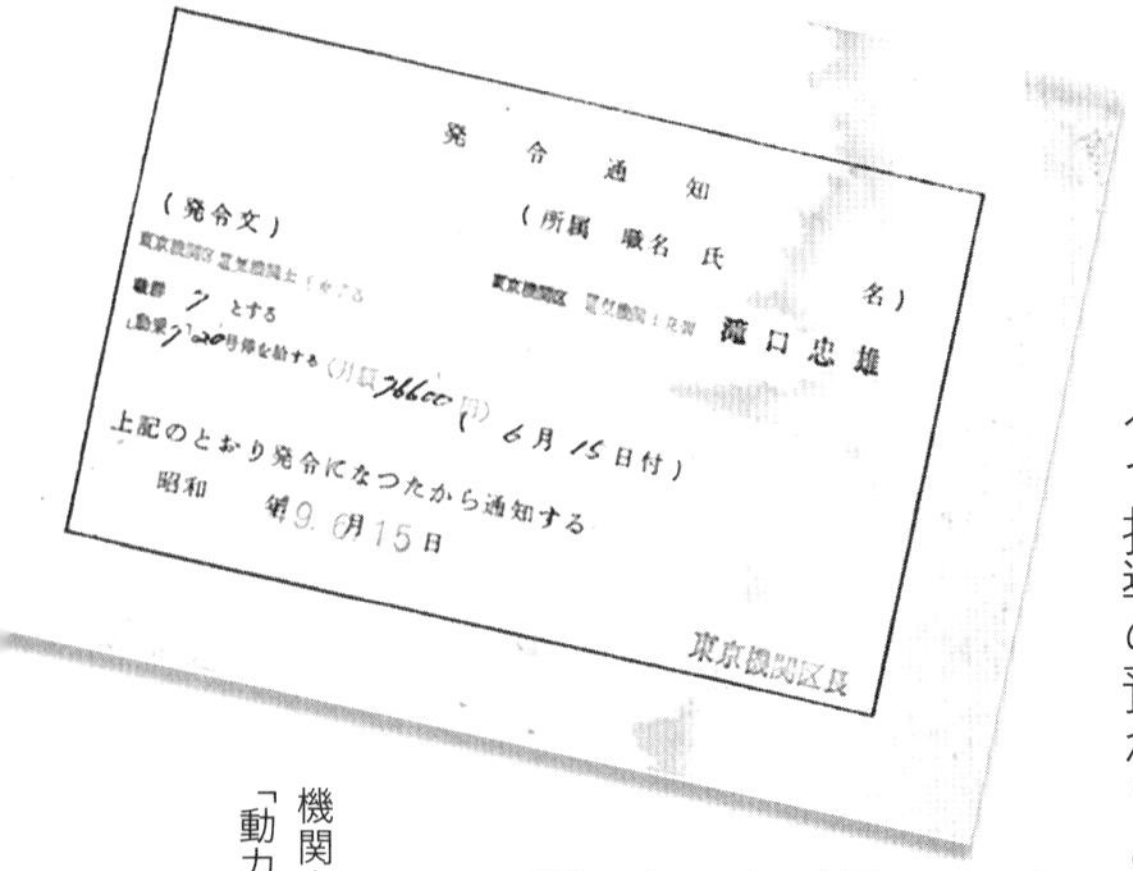
発令通知

(発令文)

職群 7 とする

(月額 76600 円)

(6月 15日付)

上記のとおり発令になつたから通知する

昭和 49. 6月15日

(所属 職名 氏名)

瀧口忠雄

東京機関区長

機関士発令通知。国鉄時代、この発令通知が「動力車操縦者運転免許証」の代わりであった

同乗することになっていたから、石山精一指導機関士との3人乗務となった。なんとも心強い仕事であった。

上り4列車は静岡発8時1分。静岡鉄道管理局管内は踏切が多い。大部分警報機と遮断機のある第1種踏切であるが、この時間は通勤、通学時間帯であり、急ぐせいか遮断機が下りていても列車の通過が待ちきれずくぐりぬける人が多いし、更には農地が線路で分断されていて、農家の人達の〝勝手踏切〟が多く、線路上に人影がちらちらするのである。ホッとするのは沼津駅を通過した後である。またこの時刻、通勤電車が多く運転されていて、1変電所区間に何本も電車が入って力行していると架線電圧が普通1650ボルトあるところ1100ボルトくらいに落ちてしまい、特急4列車はなかなか速度が上がらないのである。今は改善されている。

初めての1人乗務　足が機関車の床についていない

初回の乗務は3人乗務であったが、2回目はB36仕業。上下とも新鶴見発着の貨物列車。新鶴見機関区まで便乗で往復する。貨物列車はすでに機関助士廃止で1人乗務。3人乗務から、いきなり一人で乗った時の心細さ、機関車に乗って動き出しても運転席の足が機関車の床についていないような変な気持ちであった。「何かあったらどうしよう」という気持ちがよぎる。こんなことを同僚に話すと、「何、そのうち1人乗務が快感に変わるよ」という。後年思うに確かにその通りであった。管理者がそばで仕事を見ているわけでもなし、機関助士が同乗するといってもその日だけ。昔の2人乗務のように、1カ月も2カ月も一緒に乗って気心が知れてしまう仲になるわけでもなし、機関助士が乗るというとかえってつまらぬ気を使うのである。駅勤務のように乗客の苦情にもさらされない。

また、こんな人もいた。私より遥かに年上で渡邊啓吉さんといった。知り合った頃にはすでに退職していたが、蒸気機関車と電気機関車を経験した平機関区の元・機関士であった。「滝口君、オレは機関車なんて大嫌いだった。でも本が読めるのが楽しかった！」というのである。昔は貨物列車に乗務すると途中駅で入換を繰り返したり、旅客列車を退避したりで待ち時間が沢山ある。読書家の渡邊さんはその待ち時間を読書に費やしたのであろう。機関車は渡邊さんの書斎であり、そこでの読書は快感であったようだ。

さて、一本の機関士となった。これからは一つの列車を私の責任で動かすのだ。身の引き締まる思いである。

あとがき

この単行本は隔月刊の雑誌『旅と鉄道』の連載企画「鉄道マンたちの青春劇場」に、「電気機関車運転士編」として、2017(平成29)年9月号から連載を始めたもので、国鉄に就職した時から退職まで書いて欲しいということでした。ところがこの連載はようやく電気機関士の発令を受けて電気機関士の話に入ったばかりで、いまだ退職が見えてこないのです。私も後期高齢者の世代に入ってさて、命あるうちに終えられるだろうか？　と心配にもなります。

ああ、いらぬ心配はしない方がいいかもしれませんね。

なるべく読んでいただける方に分かりやすくとは思いつつ、でもどうしても鉄道専門用語が入ったり、機関車の構造の話が入ったり、山手線のように単純な運転線区なら分かりやすいのですが、東海道本線、東海道貨物線、汐留線(現在廃止)、山手貨物線(現・埼京線として活用)、常磐線、東北本線の一部、東北回送線(現・上野東京ライン)と、運転線区は目まぐるしく変転します。読者にはなじみのない線もあります。とりあえずは運転線区として4～6ページに図にしておきましたのでご参考にして下さい。一度、亡くなった国鉄の先輩の娘さんにゲラ刷りを読んでもらったのですが、「理解しようと努力したのですが、分かりませんでした」と悲しい答えが返ってきました。これが鉄道ファンの方なら、ちゃんとした感想が返ってくるのですが……。ものを書く難しさを感じます。

1987(昭和62)年、国鉄分割民営化を迎えます。東京機関区はその1年前に廃止。その時点で私は分割民営化後にJR貨物となる、大井機関区(東京都品川区)に転勤しました。以後、東海道本線の貨物列車で静岡貨物駅まで、退職するまで電気機関車だけの運転で過ごすことができました。EF66形という国鉄時代のマニュアルな電気機関車から、デジタル機関車の桃太郎というEF210形、「気は優しくて力持ち」と形容してもいいような機関車の進歩を機関車の座席の上で感じさせていただきました。

感謝!です。

2023年8月23日　滝口忠雄

Profile
滝口忠雄　たきぐち・ただお

1946年、東京都生まれ。1964年国鉄就職。1974年からは国鉄東京機関区電気機関士となり、約34年にわたり旅客列車、貨物列車の電気機関士を務める。1987年JR貨物に配属となり、2008年退職。日本写真協会会員、国鉄写真連盟会員。

STAFF
編　　集　真柄智充(「旅と鉄道」編集部)
デザイン　安部孝司
路線図　ジェオ

国鉄東京機関区 電気機関車運転台の記録 機関助士編

2023年9月21日　初版第1刷発行

著　　者　滝口忠雄
発行人　藤岡 功
発　　行　株式会社 天夢人
〒101-0051　東京都千代田区神田神保町1-105
https://www.temjin-g.co.jp/
発　　売　株式会社 山と溪谷社
〒101-0051　東京都千代田区神田神保町1-105
印刷・製本　大日本印刷株式会社

■内容に関するお問合せ先
「旅と鉄道」編集部　info@temjin-g.co.jp　電話03-6837-4680
■乱丁・落丁に関するお問合せ先
山と溪谷社カスタマーセンター　service@yamakei.co.jp
■書店・取次様からのご注文先
山と溪谷社受注センター　電話048-458-3455　FAX048-421-0513
■書店・取次様からのご注文以外のお問合せ先
eigyo@yamakei.co.jp

定価はカバーに表示してあります。

Printed in Japan
ISBN978-4-635-82531-3